濱口桂一郎
Keiichiro Hamaguchi

新しい労働社会

——雇用システムの再構築へ

岩波新書
1194

はじめに

ここ数年来、労働問題は社会の注目を集めるテーマとなっています。新聞や雑誌も繰り返し労働問題を取り上げていますし、労働をテーマにした書物も目白押しです。しかしながら、その議論はともするとは型にはまった労働規制緩和論と労働規制強化論の対立図式になりがちで、問題の本質にまで立ち入った議論は乏しいように思われます。

例えば、「名ばかり管理職」や「ホワイトカラーエグゼンプション」をめぐっては「残業代ゼロがけしからん」という批判がマスコミにあふれましたし、「偽装請負」や「派遣切り」をめぐっては「偽装請負がけしからん」「製造業派遣がけしからん」という論調が世を覆いました。昔はこんな問題はなかったのだから昔に戻せといった素朴な議論に走りがちなのです。

これには理解できる面もあります。ごく最近に至るまで、労働問題は流行らないテーマでした。「仕事」や「働き方」というテーマであっても、「時間にとらわれない自由な働き方」とか「会社にとらわれず自由に転職できる社会」といった格好いい話題が中心で、労働の陰の部分はマスコミの好んで取り上げるところではなかったからです。

それが、一転してサービス残業や日雇い派遣、ワーキングプアといった問題点が大きく報道されるようになると、労働問題を冷静に議論する土俵がなかなか構築されず、ややもするとセンセーショナリズムに走る結果となっているように思われます。それは、かえって解決すべき問題の本質を隠してしまうことにすらなりかねません。

現代社会では、多くの人々が労働に基づいて生活を成りたたせています。これを「労働社会」と呼ぶことができるでしょう。それは、どの部分も他の部分と深く関わり合い、一つの「雇用システム」をなしています。部分部分の改善は全体像を常に意識しながら行われなければなりません。また、雇用システムは法的、政治的、経済的、経営的、社会的などのさまざまな側面が一体となった社会システムであり、法解釈学や理論経済学など特定の学問的ディシプリンに過度にとらわれることは、議論としては美しいが現実には適合しない処方箋を量産するだけに終わりがちです。

わたしは、労働問題に限らず広く社会問題を論ずる際に、その全体としての現実適合性を担保してくれるものは、国際比較の観点と歴史的パースペクティブであると考えています。少なくとも、普通の社会人、職業人にとっては、空間的および時間的な広がりの中で現代日本の労働社会をとらえることで、常識外れの議論に陥らずにすみます。

本書は、日本の労働社会全体をうまく機能させるためには、どこをどのように変えていくべきかについて、過度に保守的にならず、過度に急進的にならず、現実的で漸進的な改革の方向を示そうとしたものです。それがどの程度成功しているか、興味を持たれたらぜひページをめくっていただければ幸いです。

なお、本書の執筆に当たっては、雑誌『世界』編集部の伊藤耕太郎さんと、新書編集部の永沼浩一さんにたいへんお世話になりました。心からお礼申し上げます。

目次

■コラム■

序 章　問題の根源はどこにあるか——日本型雇用システムを考える

現在日本の労働社会が直面している問題を考えるためには、現在の諸問題からやや身を引いて、日本型雇用システムと呼ばれる労働社会のありようの根源に立ち返って考えてみる必要があります。ここでは、雇用契約の性質という観点からその諸特徴を考察します。

1　日本型雇用システムの本質——雇用契約の性質

職務のない雇用契約

日本型雇用システムの最も重要な特徴として通常挙げられるのは、長期雇用制度(終身雇用制度)、年功賃金制度(年功序列制度)および企業別組合の三つで、三種の神器とも呼ばれます。これらはそれぞれ、雇用管理、報酬管理および労使関係という労務管理の三大分野における日本の特徴を示すものですが、日本型雇用システムの本質はむしろその前提となる雇用契約の性質にあります。

雇用契約とは、「当事者の一方が相手方に対して労働に従事することを約し、相手方がこれに対してその報酬を与えることを約することによって、その効力を生ずる」(民法第六二三条)と定義されていますが、問題はこの「労働に従事する」という言葉の意味です。雇用契約も契約なのですから、契約の一般理論からすれば、具体的にどういう労働に従事するかが明らかでなければそもそも契約になり得ません。しかし、売買や賃貸借とは異なり、雇用契約はモノではなくヒトの行動が目的ですから、そう細かにすべてをあらかじめ決めることもできません。ある程度は労働者の主体性に任せるところが出てきます。これはどの社会でも存在する雇用契約の不確定性です。

しかし、どういう種類の労働を行うか、例えば旋盤を操作するとか、会計帳簿をつけるとか、自動車を販売するといったことについては、雇用契約でその内容を明確に定めて、その範囲内の労働についてのみ労働者は義務を負うし、使用者は権利を持つというのが、世界的に通常の考え方です。こういう特定された労働の種類のことを職務(ジョブ)といいます。英語では失業することを「ジョブを失う」といいますし、就職することを「ジョブを得る」といいますが、雇用契約が職務を単位として締結されたり解約されたりしていることをよく表しています。これに対して、日本型雇用システムの特徴は、職務という概念が希薄なことにあります。これは外国人にはなかなか理解しにくい点なのですが、職務概念がなければどうやって雇用契約を締結するというのでしょう。

現代では、使用者になるのは会社を始めとする企業が多く、そこには多くの種類の労働があります。これをその種類ごとに職務として切り出してきて、その各職務に対応する形で労働者を採用し、その定められた労働に従事させるのが日本以外の社会のやり方です。これに対して日本型雇用システムでは、その企業の中の労働を職務ごとに切り出さずに、一括して雇用契約の目的にするのです。労働者は企業の中のすべての労働に従事する義務がありますし、使用者はそれを要求する権利を持ちます。

もちろん、実際には労働者が従事するのは個別の職務です。しかし、それは雇用契約で特定されているわけではありません。あるときにどの職務に従事するかは、基本的には使用者の命令によって決まります。雇用契約それ自体の中には具体的な職務は定められておらず、いわばそのつど職務が書き込まれるべき空白の石版であるという点が、日本型雇用システムの最も重要な本質なのです。こういう雇用契約の法的性格は、一種の地位設定契約あるいはメンバーシップ契約と考えることができます。日本型雇用システムにおける雇用とは、職務ではなくてメンバーシップなのです。

日本型雇用システムの特徴とされる長期雇用制度、年功賃金制度および企業別組合は、すべてこの職務のない雇用契約という本質からそのコロラリー(論理的帰結)として導き出されます。

長期雇用制度

まず、長期雇用制度とか終身雇用制度と呼ばれる仕組みについて考えましょう。もし日本以外の社会のように、具体的な職務を特定して雇用契約を締結するのであれば、企業の中でその職務に必要な人員のみを採用することになります。仮に技術革新や経済状況の変動でその職務に必要な人員が減少したならば、その雇用契約を解除する必要が出てきます。なぜならば、職務が特定されているために、その職務以外の労働をさせることができないからです。もちろん、アメリカという例外を除けば、ヨーロッパやアジアの多くの社会では使用者の解雇権は制約されています。正当な理由もないのに勝手に労働者を解雇することはできません。しかし、雇用契約で定められた職務がなくなったのであれば、それは解雇の正当な理由になります。仕事もないのに雇い続けろというわけにはいかないからです。

ところが、日本型雇用システムでは、雇用契約で職務が決まっていないのですから、ある職務に必要な人員が減少しても、別の職務で人員が足りなければ、その職務に異動させて雇用契約を維持することができます。別の職務への異動の可能性がある限り、解雇が正当とされる可能性は低くなります。もちろん、企業がたいへん厳しい経営状況にあって、絶対的に人員が過剰であれば、解雇が正当とされる可能性は高まるでしょう。しかし、その場合でも、出向とか転籍といった形で、他の企業において雇用を維持する可能性が追求されることもあります。ここで最大の焦点になっているのはメンバーシップの維持です。

年功賃金制度

次に、年功賃金制度や年功序列制度について考えます。もし日本以外の社会のように、具体的な職務を特定して雇用契約を締結するのであれば、その職務ごとに賃金を定めることになります。そして同じ職務に従事している限り、その賃金額が自動的に上昇するということはありません。もちろん実際にはある職務の中で熟練度が高まってくれば、その熟練度に応じて賃金額が上昇することは多く見られますし、それが勤続年数にある程度比例するという現象も観察されますが、賃金決定の原則が職務にあるという点では変わりありません。これが同一労働同一賃金原則と呼ばれるものの本質です。

これに対して、日本型雇用システムでは、雇用契約で職務が決まっていないのですから、職務に基づいて賃金を決めることは困難です。もちろん、たまたまそのときに従事している職務に応じた賃金を支払うというやり方はあり得ます。しかし、そうすると、労働者は賃金の高い職務に就きたがり、賃金の低い職務には就きたがらなくなるでしょう。また、賃金の高い職務から賃金の低い職務に異動させようとしても、労働者は嫌がるでしょう。これでは、企業にとって必要な人事配置や人事異動ができなくなってしまいます。その結果、職務を異動させることで雇用を維持するという長期雇用制度も難しくなってしまいます。そのため、日本型雇用システムでは、賃金は職務とは切り離して決めることになります。その際、最も多く用いられる指標が勤続年数や年齢です。これを年功賃金制度といいます。これと密接に関連しますが、企業組織における地位に着目して、それが主として勤続年数に基づいて決定される仕組みを年功序列制度と呼ぶこともあります。

もっとも、現実の日本の賃金制度は、年功をベースとしながらも、人事査定によってある程度の差がつく仕組みです。そして、職務に基づく賃金制度に比べて、より広範な労働者にこの人事査定が適用されている点が大きな特徴でもあります。

企業別組合

最後に企業別組合について見ましょう。もし日本以外の社会のように、具体的な職務を特定して雇用契約を締結するのであれば、労働条件は職務ごとに決められるのですから、労働者と使用者との労働条件に関する交渉も職務ごとに行うのが合理的です。そして、同じ職務である限り、どの企業に雇用されていても同じ労働条件であることが望ましいので、団体交渉は企業を超えた産業別のレベルで行われることになります。そこで、例えば金属産業の使用者団体と労働組合との間で、旋盤工の賃金は最低いくらという風に決めていって、それに基づいて各企業で(若干上乗せしたりしつつ)賃金を支払うという仕組みになります。

これに対して、日本型雇用システムでは、雇用契約で職務が決まっていないのですから、職務ごとに交渉することは不可能です。しかも、賃金額は個別企業における勤続年数や年齢を基本にして決められるのですから、企業を超えたレベルで交渉してもあまり意味がありません。逆に、賃金決定が企業レベルで行われるのですから、交渉も企業の経営者と企業レベルの労働組合との間で行う必要があります。また、長期雇用制度の中で、経営の悪化にどう対処するかとか、労働者の異動をどう処理するかといった問題に労働組合が対応するためには、企業別の組織である必要があります。この必要性に対応する組織形態が企業別組合です。もっとも、企業別組合は賃金交渉では弱い面がありますので、春闘という形で企業を超えた連帯も行われてきました。

2　日本の労務管理の特徴

雇用管理の特徴

日本型雇用システムにおいては、メンバーシップの維持に最重点がおかれるので、特にその入口と出口における管理が重要です。メンバーシップへの入口は採用であり、メンバーシップからの出口は退職ですが、いずれも極めて特徴的な制度を持っています。すなわち、採用における新規学卒者定期採用制と退職における定年制が日本の特徴となっています。

日本以外の社会では、企業が労働者を必要とするときにそのつど採用を行うのが原則です。従事すべき職務も決まらないまま、とにかく一定数の労働者を採用するなどということはありません。そして、労働者を採用する権限は、具体的に労働者を必要とする各職場の管理者に与えられています。ひと言でいえば、職場の管理者が予算の範囲内で、必要な労働者を採用し、不必要になれば解雇するというのが基本的な枠組みです。

これに対して日本では、学校から一斉に生徒や学生が卒業する年度の変わり目に、一斉に彼らを労働者として採用するという仕組みが社会的に確立しています。実際には、四月一日から労働に従事するために、かなり前から(つまり在学中から)採用内定という形で雇用の予約をすることが一般的です。法律的には、採用内定それ自体を雇用契約の締結と見なしています。実際にどういう職務に従事するかは四月一日に命じられるので、それまではまさに全く職務のない雇用契約といえるでしょう。そして、日本の大きな特徴は、採用の権限が現場の管理者にはなく、人事部局に中央集権的に与えられているという点です。重要なのが個々の職務ではなく、企業における長期的なメンバーシップである以上、そういう関係を設定するか否かの判断は人事部局に属するべきだということです。

日本以外の社会では、企業が労働者を必要としなくなれば解雇するのが原則です。もっとも、解雇自由の原則を純粋に貫いて、正当な理由のない解雇をも認めているのはアメリカくらいで、ヨーロッパ諸国では多かれ少なかれ解雇権は制限されています。とはいえ、景気変動に応じて労働力を調整することはやむを得ないことと考えられています。しかし日本の特徴は普通解雇だけでなく整理解雇も、むしろ普通解雇よりも整理解雇の方を厳しく制限している点です。いわゆる整理解雇四要件といわれる基準により、企業は整理解雇をする前に労働時間や賃金を減少させたり、異動によって解雇を避けることが求められているのです。

こうして解雇を極小化しようとする日本において、労働者を一律に企業から排除する仕組みが定年制です。定年制が必要なのは、年功賃金制度によって年齢が高くなるほど労働コストが高まっていくので、どこかで一律に排除しなければならないからです。そして、定年制が存在することが、逆に定年までは解雇されないという意味での雇用保障をなにがしか高める効果を持ち、それゆえに労働者側もこれを受け入れています。

入口と出口の間では、労働者を具体的な職務に従事させるわけですが、ここでも定期人事異動という特徴的な制度があります。労働者は定期的に職務を変わっていくことが原則となっているのです。この職務ローテーション制度によって、労働者は特定の職務についてのみ熟練するのではなく、企業内のさまざまな職務を経験し、熟練していくことが求められます。これは逆にいえば労働者が特定の職務の専門家になりにくいということですから、他の企業に転職しようとすれば不利な条件になります。日本以外の社会では、特定の職務に熟練することによってより高い賃金で他の企業に就職することが可能になりますが、定期人事異動制はこの可能性を縮小してしまいます。したがって、逆に定期人事異動制をとる企業は定年までの雇用保障を強めなければなりません。なお、定期人事異動に伴って、労働者は賃金が上昇し(昇給)、地位が上がっていきます(昇進・昇格)。

このように、採用に当たっても、また企業内の異動に当たっても、特定の職務に能力を持つ者をそのポストにつけるというのではなく、むしろその職務についいては未経験で熟練していない者をつけることになりますので、企業内教育訓練が重要になります。日本以外の社会では、労働者がある職務に就くためにはその前に自ら企業外部で教育訓練を受けて職業能力を身に付けることが必要ですが、日本では逆に、企業が労働者にある職務を行わせるために企業が教育訓練を施すという仕組みになっているわけです。その教育訓練も、実際に職務につかせて作業をさせながら技能を習得するＯＪＴ(オンザジョブトレーニング)が一般的です。

報酬管理の特徴

日本型雇用システムにおける賃金制度の特徴は年功賃金制度だといわれています。それは事実ではあるのですが、より本質的なことは、それが職務に対応した賃金ではなく、企業へのメンバーシップに基づいた報酬であるという点です。

ここから導き出される日本の賃金制度の最大の特徴は、工場の生産労働者にも月給制が適用されていることです。日本以外の社会では、ホワイトカラー労働者には月給制や年俸制が適用されていますが、ブルーカラー労働者の賃金は時給制が普通です。時給制とは、投入された労働量の分だけ賃金を払うという制度です。これに対して、月給制は、投入労働量とは一応切り離された地位に基づく報酬という性格を濃く持っています。もっとも、日本の戦後の月給制は、時間外労働や休日労働をすればその分、割増手当がつく特殊な制度で、厳密な意味での月給制とはいいがたい面があります。むしろホワイトカラーにもブルーカラーにも、月給制と時給制を折衷したような制度が適用されたといえます。

年功賃金制度を生み出している具体的な仕組みは定期昇給制です。労働者は採用後一定期間ごとに(通常一年に一回)、その職務に関係なく賃金が上昇していきます。しかし、賃金上昇額は一律ではありません。むしろ、日本の特徴は、ブルーカラー労働者に対しても人事査定が行われ、高い評価を受けた労働者は昇給額も大きく、低い評価を受けた労働者は昇給額も小さいという点にあります。日本以外の社会では、ブルーカラー労働者は通常人事査定の対象ではありません。まさに職務と技能水準のみによって賃金が決められるのです。査定されるのは必ずしも当該職務においてどれだけの成果を上げたかという客観的な要素だけではありません。むしろ、職務を遂行する能力とか、職務に対する意欲、努力といった主観的な要素が査定の重要な要素となっています。企業のメンバーとしての忠誠心が求められるのです。

年功賃金制度と年功序列制度が相補的に用いられるように、日本型雇用システムにおいては、組織上の地位の昇進が企業の必要に基づく人事異動としてだけではなく、それ自体が労働者に対する報酬としての性格を有しています。ホワイトカラー労働者だけでなく、ブルーカラー労働者も(昇給だけでなく)昇進を望み、出世競争に巻き込まれているのです。このため、日本の企業の組織構造は、細かく地位を設定し、その序列を少しずつ上昇することができるようになっています。とはいえ、昇進の対象となる地位には自ずから限りがあります。そこで、多くの企業では、組織上の地位と一定の関係は保ちつつ、直接はこれとリンクしない形で企業内で通用する資格を設定する職能資格制度を導入し、昇進とは別に昇格という形で地位の報酬を与える仕組みとしました。

定期昇給制と併せて、通常年二回支給される多額のボーナスも日本の賃金制度の特徴です。ホワイトカラー労働者にもブルーカラー労働者にも、勤続年数に比例しつつ基本給よりも業績評価的性格の強いボーナスが支給されます。また、長期勤続者を極端に優遇する退職金制度も諸外国にあまり例を見ない制度です。さらに、住居、食事、娯楽などといった福利厚生費用も、非賃金労務コストとしてかなりの割合を占めていますが、これらはまさにメンバーシップに基づく報酬としての性格を強く持っています。

労使関係の特徴

日本型雇用システムにおける労使関係の特徴は企業別組合だといわれています。それは事実ですが、より本質的なことは、日本で労働組合と呼ばれている組織が、ホワイトカラー労働者とブルーカラー労働者を包含したすべての労働者を代表する組織としての性格を強く持っている点です。そのような組織は、ヨーロッパ諸国では、産業レベルで組織される労働組合とは別個に、法定の労働者代表機関として設立されています。つまり、労使協議を行う組織としての労働者代表機関と、団体交渉や労働争議を行う組織としての労働組合が、企業レベルで一体となっているのが日本の特徴なのです。

現在では、多くの企業別組合は労働者代表機関として労使協議を行うことが主たる機能となっています。特に、技術革新によって大幅な職務の転換が迫られたり、経営状況の悪化によって企業リストラクチュアリングを行う必要が生じたとき、労働組合は経営側から情報を入手し、組合員の間で討議を行った上で意見を集約して経営側に伝えるといった活動を行います。通常、その目的は労働者のメンバーシップをできるだけ維持することにおかれ、そのために賃金などの労働条件面で妥協を図るといった形になります。この機能が十全に発揮されたのが、石油ショック後の不況期でした。

一方、日本の企業別組合は、労働組合法上の労働組合として、賃金などの労働条件の向上のために経営側と団体交渉することも重要な役割です。日本の賃金制度は職務とは切り離された年功賃金制度であり、定期昇給制によって上昇していくのですから、団体交渉の目的はこの定期昇給時の引上げ額を高めることに向かいます。しかし、個々の労働者の賃金額がここで決まるわけではありません。日本以外の社会では団体交渉によって各職務ごとの賃金の水準が決定されるのですが、日本の団体交渉で決めているのは企業の人件費総額を従業員数で割った平均賃金額(ベース賃金)の増加分(ベースアップ)なのです。したがって、個々の労働者の賃金額がどうなるかは、人事査定に委ねられています。

このように、日本の企業内労使交渉は、企業を超えた一律の基準設定ではなく、特定企業の労務コスト自体を交渉対象とするため、その企業の支払い能力によって制約される傾向があります。特定企業のみが賃金を引き上げて労務コストを高めてしまうと、同業他社との競争条件が悪化し、市場を失ってしまう危険性があります。このため、日本の企業別組合は産業別連合体を組織し、団体交渉を春期に同時に行うことによって、交渉力の確保を図ってきました。これを「春闘」と呼んでいます。

労使協議と団体交渉がいわば平時の労使関係であるのに対して、労働争議は戦時の労使関係です。企業別組合は常に平和的であるわけではありません。むしろ、産業別組合が企業にとって所詮よそ者であるのに対して、企業別組合は企業のメンバーであることから、労使関係が悪化すると近親憎悪的な泥仕合になる傾向があります。また、日本以外の社会では、争議手段といえば集団的に労務提供を中止するストライキが一般的ですが、日本では職場占拠やビラ貼り、年休闘争といった争議手段が多用されます。

もっとも、こういった労働争議が頻発していたのは、民間部門では一九五〇年代、公的部門でも一九七〇年代までで、現在では当時の戦闘的な組合勢力が残存している少数派組合を除けば、労働争議はあまり目につかなくなっています。

3　日本型雇用システムの外側と周辺領域

非正規労働者

以上が日本型雇用システムの基本的な枠組みですが、重要な留保をつけておかなければなりません。それは、このシステムが適用されるのは正社員のみであって、日本には膨大な数の非正規労働者が存在しているということです。そして、非正規労働者の労務管理は正社員と全く逆になります。彼らは企業へのメンバーシップを有しておらず、具体的な(多くの場合、単純労働的な)職務に基づいて、(多くの場合、期間を定めた)雇用契約が結ばれます。したがって、彼らには長期雇用制度も、年功賃金制度も適用されないばかりか、企業別組合への加入もほとんど認められていません。

その採用は、企業が労働力を必要とするときにそのつど行うのが原則です。非正規労働者を採用する権限は、予算の範囲内で、具体的に労働力を必要とする各職場の管理者に与えられており、労働力を必要としなくなれば有期契約の雇止めという形で実質的に解雇されます。職務に基づいて採用されるのですから、原則として人事異動はなく、契約の更新を繰り返しても同じ職務を続けるだけです。したがってまた、企業が教育訓練を行うということも(ごく基礎的なものを除けば)ほとんどありません。

彼らの賃金は時給であり、その水準は企業のいかんを問わず外部労働市場の需給関係で決定されます。多くの場合、その水準は地域最低賃金額に若干上乗せした程度の低賃金です。水準が企業外部で決定されるのですから、いくら契約更新を繰り返して事実上長期勤続になっても、それに応じて賃金が上昇していくということはありません。逆に、正社員に対して行われている包括的な人事査定も非正規労働者には適用されません。通常、ボーナスもなければ退職金もなく、正社員向けの福利厚生施設からも排除されていることが多いのです。

彼らは企業別組合の組合員資格がなく、企業リストラ時の労使協議においては、正社員の雇用維持のために、先に非正規労働者を雇い止めするといったことすら規範化されています。毎年の春闘による賃金引上げも正社員の賃金のみが対象で、それが経済全体の拡大を通じてようやく非正規労働者の賃金にも波及してくるだけです。

高度成長期以前は臨時工の存在が大きな社会問題だったのですが、高度成長期の人手不足によってその大部分が正社員化し、代わって非正規労働者の主力は、主に家事を行っている主婦パートタイマーや、主に通学している学生アルバイトとなりました。彼らは企業へのメンバーシップよりも、主婦や学生といったアイデンティティの方が重要でしたから、このような正社員との格差は大きな問題とはなり得ませんでした。しかしながら、近年、学校卒業後も非正規労働者として就労するフリーターと呼ばれる若年労働者層が大量に出現するとともに、家庭責任のためにパートタイム就労によって生計を立てざるを得ない女性が増加し、このような格差の不合理性がクローズアップされてきました。

女性労働者

女性については、男女雇用機会均等法制定以後、雇用システムにおける位置づけが大きく変わってきましたので、まず均等法以前の古典的システムにおける典型的な女性労働者（ＯＬモデル）について述べ、その後の変化に言及したいと思います。

古典的な日本型雇用システムにおいては、非正規労働者ではない女性労働者（女性正社員）は、男性正社員と同様のフルメンバーシップを持っていたわけではなく、いくつかの点で制限のある準メンバーであったといえます。その特徴の第一は、新規採用から定年退職までの長期的メンバーシップではなく、新規採用から結婚退職までの短期的メンバーシップであったという点です。したがって、正社員として年功的に昇給するといっても結婚退職までの若年期だけですから生活給ではありません。こういった事務職場の補助業務を中心とする女性労働モデルを、高度成長期まではビジネスガール（ＢＧ）、その後はオフィスレディ（ＯＬ）と呼びました。

男性正社員が長期勤続を前提にして手厚い教育訓練を受け、配置転換を繰り返していくのに対して、短期勤続が前提の女性正社員はそういった雇用管理からは排除されていました。しかし、その間は正社員としてのメリットは十分享受できる仕組みになっており、それを男女差別と捉える考え方はほとんど見られませんでした。むしろ、家庭において妻が夫を支えるように、会社でも女性正社員が男性正社員を支えるのだという認識が一般的だったようです。

短期勤続が前提とはいえ、ある程度の期間は勤続してもらわなければ、事務補助業務といえども円滑に回りません。そのため、結婚適齢期まである程度の勤続が見込まれる高卒女性が主としてその対象となりました。これがやがて学歴水準の上昇とともに短大卒に移行しましたが、四年制大学卒の女性は長らく排除されていました。これは、長期勤続を前提とした男性正社員並みの処遇をすることは考慮の外であったためです。

一九八五年、男女雇用機会均等法の制定に対応するため、大企業を中心に導入されたのがコース別雇用管理です。これは通常、「総合職」と呼ばれる基幹的業務に従事する「職種」と、「一般職」と呼ばれる補助的な業務に従事する「職種」を区分し、それぞれに対応する人事制度を用意するというものです。「職種」といっても、いかなる意味でもジョブとは関係がなく、それまでの男性正社員の働き方と女性正社員の働き方をコースとして明確化したものに過ぎません。ただ、女性でも総合職になれるし、男性が一般職になることも（実際にはほとんどありませんが）あり得るという仕組みにすることで、男女平等法制に対応した人事制度という形を整えたわけです。

実際には、総合職の条件として転勤に応じられることといった条件が付けられることが多く、家庭責任を負った既婚女性にとってこれに応えることは困難でした。頻繁な配置転換が日本型雇用システムの重要な要素であることは確かですが、女性を総合職にしないために、企業がわざわざ転勤要件を要求したという面もありそうです。

一九九七年に男女雇用機会均等法が強化された後は、男性正社員並みに働ける一部の女性正社員については積極的に活用する一方、そうでない女性労働者はむしろ非正規労働者としていく傾向も見られます。かつてのＯＬモデルは消えつつあるようです。

中小企業労働者

以上述べてきたシステムは、大企業分野において最も典型的に発達したモデルです。日本社会は、大企業と中小企業、とりわけ零細企業との間にさまざまな面で大きな格差のある社会ですが、雇用システムのあり方についても企業規模に対応して連続的な違いが存在します。それをよく示すのは、企業規模別の勤続年数と年齢による賃金カーブ、そして労働組合組織率です。企業規模が小さくなればなるほど、勤続年数は短くなり、賃金カーブは平べったくなり、労働組合は存在しなくなります。つまり、長期雇用制度、年功賃金制度、企業別組合という三種の神器の影が薄くなるのです。

企業規模が小さければ小さいほど、企業の中に用意される職務の数は少なくなりますし、職場も一カ所だけということが普通になります。そうすると、いかにメンバーシップ契約だといっても、実際には企業規模によって職務や場所は限定されることになり、事実上、限定された雇用契約に近くなります。つまり、企業規模が小さいほど、事実上、ジョブ型に近づくわけです。

中小企業ほど景気変動による影響を強く受けやすいですし、その場合、雇用を維持する能力も弱いですから、失業することもそれほど例外的な現象ではなく、そのため地域的な外部労働市場がそれなりに存在感を持っている分野でもあります。その意味では、企業規模が小さくなればなるほど正社員といっても非正規労働者とあまり変わらないという面もあります。

ただ、企業規模は連続的な指標であり、それに伴う雇用システムのあり方も連続的に変化していくものですから、大企業はこれこれだが中小企業がこうだといった風に、定性的な議論をするのは難しいところがあります。本書では構造的な議論を主に展開しますので、どうしても企業規模による細かい議論が抜け落ちる傾向があることは否定できません。この点を念頭に置きつつ、以下の本論を読み進んでください。

第1章　働きすぎの正社員にワークライフバランスを

1　「名ばかり管理職」はなぜいけないのか?

マクドナルド裁判

二〇〇八年一月二八日、東京地方裁判所は、日本マクドナルド社で店長を務める高野広志さんが会社を相手取って訴えていた裁判で、会社側に残業代の支払いを命じる判決を言い渡しました。マスコミもこの判決に注目し、「店長は非管理職　残業代支払い命令」(『朝日新聞』)といった見出しが躍りました。マスコミがそのように報道した以上、国民の多くも、この裁判の焦点は店長が残業代を払う必要のない管理職かどうかにあると考えたでしょう。この判決を下した裁判官も(細かいところは別にして)そう考えていたようです。しかし、それは高野さんが訴えたかったことではないのです。

「残業月一三七時間　休日ゼロも」という状態の中で、高野さんは「手にしびれが走るようになり、医師から脳梗塞の可能性を指摘され」「命の危険も感じるようにな」りました（『読売新聞』）。「現職の店長が昨秋、くも膜下出血で突然死したことを明らかにし」「判決がもっと早く出ていれば……と声を詰まらせ」、妻も「一番大事なことは命があること」と涙ながらに訴えた（『東京新聞』）ということです。お金ではなく、いのちが問題だったのです。ところが、各紙とも一面の見出しは「残業代」のオンパレードで、いのちや健康は二の次のようでした。

一方で、マクドナルドの店長は誰が考えても「管理職」ではないか、と違和感を覚えた人も多いのではないかと思います。店長は管理職そのものではないか、どうしてそんな「管理職」が残業代を要求して認められるんだ、常識外れではないか、と感じた人も多いように思います。マクドナルドの店長の平均年収は七〇〇万円もあるんだから、残業代を全額払う必要はないんじゃないか、と思った人もいるかも知れません。ここには幾重にも絡み合った複雑な事情があります（なお本件は、二〇〇九年三月に一〇〇〇万円の支払いで和解しています）。

管理職と管理監督者

まず、裁判で問題になったのは世間でいう「管理職」ではなくて、労働基準法でいう「管理監督者」でした。そして判決は、高野さんは「管理監督者」ではないと認定したのです。これは「事業経営の管理者的立場にある者又はこれと一体をなす者」で、「一般的には、部長、工場長等労働条件の決定その他労務管理について経営者と一体的な立場にある者」(昭和二二年九月一三日発基一七号、昭和六三年三月一四日基発一五〇号)とされています。したがって、「企業が人事管理上あるいは営業政策上の必要等から任命する職制上の役付者であればすべてが管理監督者として例外的扱いが認められるわけではない」し、「一般労働者に比べ優遇措置が講じられているからといって、実態のない役付者が管理監督者に含まれるものではありません。

これに対して、管理職とはまさに「人事管理上あるいは営業政策上の必要」から設定されるものです。通常は課長に昇進すれば管理職になったと見なされますし、職能資格制度の下では、職制上の課長になったわけではなくても、課長クラス(参事など)に昇格すれば管理職扱いされるのが普通でしょう。彼らは「管理職」ではあっても「管理監督者」ではないのです。

管理監督者には労働基準法の労働時間規制が適用されません。何時間ぶっ通しで働こうが、休日なしで出勤しようが、法律上の規制は何もないのです。だからこそ、その範囲は厳格に限定されなければなりません。「人事管理上あるいは営業政策上の必要」から管理職に昇格したものの、仕事の中身は管理するどころか上司から管理されるばかりというのでは、労働時間規制を外すわけにはいかないからです。

ところが、労働基準法ではそういう(物理的な)労働時間の規制だけでなく残業代の規制も同じ労働時間の章に規定されています。そして、管理監督者であれば労働時間規制もなければ残業代もなく、管理監督者でなければ労働時間が規制されるだけでなく残業代も払わなければならない、という風に規定されているのです。名ばかり管理職問題の根源はここにあります。

スタッフ管理職

この問題はすでに一九七〇年代に銀行など金融機関の管理職について生じていました。毎朝出勤簿に押印し、遅刻・早退は届出制で、部下の人事にも関与していない「管理職」が多数いたのです。しかしその給与水準は極めて高く、刑事罰をもって残業代を払わせる必要があるかどうか、いささか疑問もありました。

当時の労働行政は通達を出し、本来の管理監督者「と銀行内において同格に位置づけられている者」のうち一定の者をスタッフ管理職として、法律上の管理監督者扱いすることを認めました。「法制定当時には、あまり見られなかったいわゆるスタッフ職が、本社の企画、調査等の部門に多く配置されており、これらスタッフの企業内における処遇の程度によっては、管理監督者と同様に取扱い、法の規制外においても、これらの者の地位からして特に労働者の保護に欠ける恐れがないと考えられ」るというのです（昭和五二年二月二八日基発一〇四号の二）。

　厳密にいえばこれは労働基準法の文言に反します。どう考えても管理監督者ではあり得ない人々を管理監督者に含めてもかまわないとしているのは、それが企業の人事管理の実態に即しているからだというほかに説明のしようがありません。高度成長期以来一般化した職能資格制度においては、高い職能資格に対応する管理監督的職務と、同じく高い職能資格に対応するスタッフ的職務とで、同じような賃金などの処遇が行われます。この場合に、管理監督者になった高給社員には労働基準法に基づいて時間外手当を払わないが、管理監督者になっていないスタッフ的職務の高給社員には時間外手当を払わなければならないということになると、かえって社員間の公平感を損なうことになります。その意味で、この解釈は、時間外手当の支給基準という観点から見ればまことに妥当な結論であるわけです。

　ところが、この通達では時間外手当だけではなく、労働時間規制そのものも一緒に適用除外されてしまっています。労働基準法の精神からすればどう考えても正当化しがたいにもかかわらず、それがなんの問題もなく今まで受け入れられてきたのはなぜでしょうか。一つには、管理職レベルの高給を貰っているスタッフ管理職が実際にはかなりヒマであって、労働時間規制を必要とするような状況におかれていなかったからではないかと思われます。職能資格制度が実際には年功的な運用をされていることが多かった時期には、特にそういう傾向があったのでしょう。

■コラム■　組合員資格と管理職

この問題と密接に関連しているのが「管理職」を組合員の範囲から外すというほとんどの企業別組合で行われている慣行です。通常、職能資格制度における課長クラス以上に昇格すれば労働組合から「卒業」するのが当然とされているようです。

「管理職」と呼ばれる労働者が企業別組合に加入できないのは、労働組合法の規定によるものであると一般には考えられています。同法第二条は、「役員、雇入解雇昇進又は異動に関して直接の権限を持つ監督的地位にある労働者、使用者の労働関係についての計画と方針とに関する機密の事項に接し、そのためにその職務上の義務と責任とが当該労働組合の組合員としての誠意と責任とに直接に抵触する監督的地位にある労働者その他使用者の利益を代表する者の参加を許すもの」は労働組合ではないと規定しているからです。

しかし、本来「使用者の利益を代表する者」というのはその者の果たす機能に着目した基準であって、これと企業内職能資格制度上「管理職」と呼ばれている者とは異なるはずです。

「管理監督者」と「管理職」の混同と似た問題です。そもそも企業組織の複雑化の中でなんらかの意味で使用者の利益を代表する立場に立つ労働者が増加するのは当然で、むしろ上から下まで管理する側の性格と管理される側の性格をその比率を変化させつつ併せ持つ労働者が大部分を占めるようになってきているのが現状でしょう。

マクドナルド社をはじめとするファーストフード店では、正社員は店長だけで、あとはほとんどアルバイトなどの非正規労働者というビジネスモデルが一般的です。このような労働者構成の職場において、彼ら「管理職」を利益代表メカニズムから排除する根拠は今日ますます乏しくなってきているのではないでしょうか。■

2　ホワイトカラーエグゼンプションの虚構と真実

ホワイトカラーエグゼンプションの提起

ところがやがて、スタッフ管理職だけでは間に合わない、もっと多くの労働者を残業代から外したい、という声が企業側から上がってくるようになりました。二〇〇五年六月の日本経団連の提言では、「労働時間の長さを賃金支払いの基準とする現行法制下では、非効率的に長時間働いた者は時間外割増賃金が支給されるので、効率的に短時間で同じ成果を上げた者よりも、結果としてその報酬が多くなるという矛盾が生じる」と述べ、労働時間と賃金の直接的な結びつきを分離するホワイトカラーエグゼンプションの導入を求めていました。

こういう制度を「ホワイトカラーエグゼンプション」と呼ぶことは適切です。なぜなら、この言葉の出所であるアメリカには、労働時間規制は存在せず、残業代規制しか存在しないからです。その残業代規制を一定のホワイトカラーに適用除外する制度を「ホワイトカラーエグゼンプション」というのですから、それをそのまま(残業代のみの適用除外として)日本に持ち込もうとしたのであれば、その基準をめぐって議論はあり得ても、絶対におかしいということにはならなかったでしょう。

そもそも、残業代は基本給に比例します。いのちと健康に関わる労働時間規制や、生活が成り立つかどうかに響く最低賃金規制が絶対水準であるのとは異なります。時給八〇〇円の非正規労働者が一時間残業しても、割増つきで一時間一〇〇〇円になるだけですが、例えば年収八〇〇万円の高給社員を時給換算して一時間四〇〇〇円とすると、一時間残業すると割増つきで一時間五〇〇〇円になります。これを支払わせることが、刑事罰をもって強制しなければならないほどの正義であるかどうかは、労働法というものの考え方によるでしょう。

政府の奇妙な理屈づけと経営側の追随

ところが、政府の規制改革・民間開放推進会議は、二〇〇五年一二月の答申で、ホワイトカラーエグゼンプションを(残業代だけでなく)あらゆる労働時間規制からの適用除外として要求し、ご丁寧にもそれを「仕事と育児の両立を可能にする多様な働き方」だと位置づけたのです。しかし、労働時間規制とは「これ以上長く働かせてはいけない」という規制であって、「短く働いてはいけない」という規制ではありません。育児との両立のために短く働くことを労働基準法はなんら規制していません。労働時間規制をなくせば、仕事と育児が両立するなどというのは、端的に「ウソ」です。

とはいえ、この虚構が閣議決定された以上、二〇〇六年二月から開始された労働政策審議会の審議において、厚生労働省も「自律的な働き方」とか「自由度の高い働き方」という言い方で、ホワイトカラーエグゼンプションを正当化せざるを得ませんでした。そして、この虚構が経営側をも巻き込んでいきます。日本経団連の紀陸孝氏は、労働政策審議会でも初期には「ある仕事を短時間でやった人はどうなりますか。賃金が低くなってしまう。時間にリンクしているだけで考えればね」と本音を語っていましたが、後には「時間外労働の手当をできるだけ抑制する、払いたくないがためにこういうものを入れるのではないかという指摘をよくされます。経営側としては、全然そんなことは考えておりません」などと、妙な建前論を弄するようになります。厚生労働省当局が振り回していた「自律的な働き方」という空疎な概念を、(企業経営の立場からすればそんなものが虚構に過ぎないことは重々承知の上で)いかにもそれを信奉しているかの如き態度をとることで、「どれくらい高給であれば残業代を払わなくてもいいのか」というまさに労使が決めるべき課題に正面から向かい合うことなく、逃げの議論に終始してしまったと批判されても仕方がないでしょう。

労働側のまともな反論

これに対して、労働政策審議会における労働側の反論は筋が通っていました。JAM(機械金属産業労組)の小山正樹氏は「本当に自律的に、仕事量も自分がすべて調整しながら働いているなどという人はいないのではないか」「本当にそういう人がいるというのでしたら、具体的な職場なり働き方の方においでいただいて、ヒアリングでもしてみたらどうかと思うのです」と皮肉をかませながら、「実態としては、そこに自由な働き方、自律的な働き方などというのはないのだと。むしろ長時間働きすぎて、それによって過労死や過労自殺が生じているのだという実態を踏まえていただきたいと思います」と突っ込んでいます。

この頃、過労死遺族会が厚生労働省に「自律的な労働制度」を導入しないよう求めました。「労働時間規制がなければ過労死・過労自殺に拍車がかかるのは明らか。犠牲をこれ以上出さないでほしい」と、規制の厳格化や企業への罰則強化を求めたということです。

しかし、実は経営側にはこれに対する再反論の余地は十分あったのです。そもそも上記の日本経団連の提言では「労働時間の概念を、賃金計算の基礎となる時間と健康確保のための在社時間や拘束時間とで分けて考えることが、ホワイトカラーに真に適した労働時間制度を構築するための第一歩」と述べ、「労働者の健康確保の面からは、睡眠不足に由来する疲労の蓄積を防止するなどの観点から、在社時間や拘束時間を基準として適切な措置を講ずる」ことを主張していました。経営側の立場から弁護士活動をしている経営法曹の西修一郎氏は、「結局、賃金対象労働時間ではないが、安全配慮義務という観点から、拘束時間は結局は管理せざるを得ないですね。だからそういう意味で拘束時間という言い方を私はしますが、それを考えればエグゼンプションをどうやっても、どういう制度をやっても、拘束時間を管理するという制度は、結局は残るのです」と述べています。

もし経営側がこういう論理を提示して、「そうだ、在社時間や拘束時間の上限という形で労働時間を管理するんだ。それなら時間外手当は適用除外でいいんだな」と反撃すれば、労働側に二の矢があったかどうかはたいへん疑わしいと思います。しかし、そういう議論は一度も行われませんでした。

「残業代ゼロ法案」というフレームアップ

こうして、労使が本音で議論できるはずの残業代の適用除外ではなく、「自由度の高い働き方」という虚構の論理に乗った労働時間規制の適用除外が、二〇〇六年一二月の労働政策審議会答申という形で世間に発表されたとたん、事態はさらに奇怪な方向にねじ曲がっていきます。

労働側も過労死遺族会も長時間労働や過労死の恐れゆえに批判していたこの制度を、ほとんどのマスコミは「残業代ゼロ法案」と呼び、どんなに残業しても残業代が支払われないがゆえにけしからん制度だと(のみ)批判を繰り広げました。世論に敏感な政治家たちも一斉に否定的な発言を始めましたが、その中に「長時間労働」とか「過労死」という言葉は見あたらず、「残業代ピンハネ」といった扇情的な発言に終始しました。

実は、この答申は、自由な働き方だから労働時間規制を撤廃するといいながら、木に竹を接ぐように、在社時間を管理して長時間労働には医師による面接指導を行えと求めていました。本来ならば、「それで十分なのか、時間そのものを規制すべきではないのか」といったまともな議論の出発点になり得たでしょう。

しかし、「残業代ゼロ法案」批判の嵐の中では、そのような議論の余地はありませんでした。そして、結局政府は国会提出法案にホワイトカラーエグゼンプションを盛り込むことを断念し、月八〇時間を超える残業について割増率を五割に上げるという、まるで長時間残業を奨励しているかのような改正案を提出したのです(二〇〇八年一二月に、月六〇時間を超える残業について割増五割と修正して成立)。

■コラム■　月給制と時給制

後述するように、二〇〇七年に成立した改正パート労働法は、短時間労働者と「通常の労働者」の均等待遇や均衡処遇を求めています。また同法の審議で指摘された短時間勤務ではない非正規労働者(いわゆるフルタイムパート)の問題に対応するため、労働契約法にも「均衡」という言葉が盛り込まれました。均等待遇や均衡処遇といったときに最も重要なのはもちろん賃金ですが、現実の労務管理の世界では正社員と非正規労働者を分かつ賃金制度上の最大の違いは、前者が月給制であり、後者が時給制であるという点にあります。長期雇用を前提とする正社員に適用される月給制においては、学卒初任給に始まり、毎年の定期昇給によって賃金額が年功的に上昇していくことが普通です。一方、非正規労働者に適用される時給制においては、そのつどの外部労働市場の状況によって賃金額が決まり、年功的上昇や査定は原則として存在しません。

本来、月給制の賃金額と時給制の賃金額は比較可能ではありません。なぜならば、本来の月給制とは、その月に何時間労働しようがしまいが、月当たりの固定給として一定額を渡し切りで支給するもので、時間当たりの賃金額を一義的に算出することはそもそもできないものだからです。実際、戦前の日本でホワイトカラー労働者に適用されていた月給制とは、そのような純粋月給制でした。彼らに残業手当という概念はなかったのです。これに対し、ブルーカラー層に適用されていた日給制とは、残業すれば割増がつく時給制でした。

この両者が入り混じってきたのは、戦時下にブルーカラーの工員にも月給制が適用され、その際月給制であるにもかかわらず残業手当が支払われることとされたことが原因です。一方でホワイトカラー労働者の給与にも残業手当を支給するよう指導が行われました。職員も工員も陛下の赤子たる産業戦士であるというこの戦時体制の産物が、敗戦後の活発な労働運動によって工職身分差別撤廃闘争として展開され、多くのホワイトカラー労働者とブルーカラー労働者が残業代のつく月給制という仕組みの下に置かれることとなったのです。

労働基準法第三七条もこの土俵の上に立って、労働時間規制の適用が除外される管理監督者でない限りは、すべての労働者に対して残業代の支給を義務づけています。同法施行規則第一九条は、月給制であってもその額をひと月の所定労働時間で割った時間当たり賃金を算出し、それをもとに割増額を算定することを求めています。これは、管理監督者でない限り、月給制といえども月単位にまとめて支払われる時給制であると見なしているのと同じです。つまり、正社員と非正規労働者を分かつ最大の違いであるはずの賃金制度は実は共通であり、両者は時間当たり賃金において比較可能であるという意外な結論に導かれます。

ここからどういう結論を展開するかは、読者の関心によってさまざまでしょう。正社員も実は時給制であるのなら、時給ベースで均等待遇を論ずることができるはずだという議論もあり得ます。本来の月給制は残業代無しの渡し切りなのだから、そういうエグゼンプトは均等待遇の議論には乗らないはずだという議論もあり得ましょう。ホワイトカラーエグゼンプションの議論は「残業代ゼロ法案」というマスコミの批判で潰えてしまいましたが、賃金制度を補助線として引いてみることによって、非正規労働者の均等待遇・均衡処遇の議論とつながってくる

可能性があるのです。■

3　いのちと健康を守る労働時間規制へ

消えた「健康」の発想

労働経済白書によると、二五～四四歳の男性で週六〇時間以上働く人の割合は二割以上に達しています。週六〇時間とは五日で割れば一日一二時間です。これは、一九一一年に日本で初めて工場法により労働時間規制が設けられたときの一日の上限時間に当たります。

工場法はいうまでもなく、『職工事情』に見られるような凄惨な労働実態を改善するために制定されたものです。当時、長時間労働で健康を害し結核に罹患する女工が多く、労働時間規制は何よりも彼女らの健康を守るための安全衛生規制として設けられました。

ところが、終戦直後に労働基準法が制定されるとき、一日八時間という規制は健康確保ではなく「余暇を確保しその文化生活を保障するため」のものとされ、それゆえ三六《さぶろく》協定(時間外・休日労働を行わせるために必要な労使協定)で無制限に労働時間を延長できることになってしまいました。労働側が余暇よりも割増賃金による収入を選好するのであれば、それをとどめる仕組みはありません。実際、戦後労働運動の歴史の中で、三六協定を締結せず残業をさせないのは組合差別であるという訴えが労働委員会や裁判所で認められてきたという事実は、労働側が労働時間規制をどのように見ていたかを雄弁に物語っています。

もっとも、制定時の労働基準法は女子労働者については時間外労働の絶対上限(一日二時間、一週六時間、一年一五〇時間)を設定し、工場法の思想を保っていました。これが男女雇用機会均等に反するというそれ自体は正しい批判によって、一九八五年、一九九七年と改正され、撤廃されることにより、女性労働者も男性と同様無制限の長時間労働の可能性にさらされることになりました。健康のための労働時間規制という発想は日本の法制からほとんど失われてしまったのです。こうした法制の展開が、労働の現場で長時間労働が蔓延し、過労死や過労自殺が社会問題になりつつあった時期に進められたという点に、皮肉なものを感じざるを得ません。

過重労働問題と労働政策の転換

一方、この時期、労働時間規制ではなく、労災補償と安全衛生の分野で政策の転換が進んでいました。

前者は、脳・心臓疾患の労災認定をめぐる裁判例の進展と、これを受けた労働省の認定基準の改定という形で進みました。かつては発症の直前または前日に過激な業務をしたことを要求していたのが、発症前一週間の過重な業務で判断するようになり、さらに二〇〇〇年七月の最高裁判決(横浜南労基署長(東京海上横浜支店)事件(二〇〇〇年七月一七日))を受けて発出された二〇〇一年一二月の認定基準では、六カ月という長期間にわたる業務の過重性を発症との因果関係で評価しています。具体的には、発症前一カ月ないし六カ月間にわたり、一カ月当たりおおむね四五時間を超えて時間外労働が長くなれば業務と発症との関連性が強まり、さらに発症前一カ月間におおむね一〇〇時間(または発症前二カ月ないし六カ月間にわたって一カ月当たりおおむね八〇時間)を超える時間外労働は、業務と発症の関連性が強いとしています。

この基準の最大の意義は、労災補償法政策と労働時間法政策を交錯させたことにあります。具体的な数字を示して、一定時間以上の長時間労働は使用者の災害補償義務の対象になり得る過重労働であると認めたわけですから、労働時間規制へのインパクトは大きいはずです。

次に転換したのは、労災補償と裏腹の関係にある安全衛生法政策でした。二〇〇二年二月に「過重労働による健康障害防止」のための通達が出され、二〇〇五年一一月には労働安全衛生法が改正されています。この改正では、月一〇〇時間を超える時間外労働に対して医師による面接指導が義務づけられ、事業者は医師の意見を聞いて、就業場所の変更、作業の転換、労働時間の短縮、深夜業の減少などの措置を講じなければなりません。

このように、物理的な長時間労働を労災要因、安全衛生リスクとして規制しようという発想は、労働政策の中で着実に拡大してきています。ところが労働時間規制という本丸では、健康確保のための物理的労働時間規制という発想はいまだに土俵にすら上っていないのです。

まずはＥＵ型の休息期間規制を

残業代規制だけで労働時間規制の存在しないアメリカと対照的に、ＥＵの労働時間指令は労働者の健康と安全の保護が目的で、物理的労働時間のみを規制して残業代は労使に委ねています。

そこでは週労働時間の上限は四八時間とされています。日本より緩いではないか、と思ったら大間違いです。これは「時間外を含め」た時間の上限なのです。ＥＵの労働時間規制は、それを超えたら残業代が付く基準ではありません(それは労使が決めるべきものです)。それを超えて働かせることが許されない基準なのです。最高一年の変形制が認められていますが、これも日本のように変形制の上限を超えたら残業代が付くだけのものとは違い、上限を超えることを許さないものです。これが、（イギリスを除く）EU諸国の現実の法制です。

イギリスだけは「オプトアウト」という個別適用除外制度を導入しています。労働者が認めたら週四八時間を超えて働かせてもいいというもので、大きな非難を浴び続けてきました。しかし、実はオプトアウト方式を適用しても労働時間には物理的上限があります。それは休息期間規制があるからです。

EU指令は一日につき最低連続一一時間の休息期間を求めています。これと一週ごとに最低二四時間の絶対休日を合わせると、一週間の労働時間の上限はどんなに頑張っても七八時間を超えることはできません。たとえオプトアウトでも上限はあるのです。

現在の日本に「時間外含めて週四八時間」という規制を絶対上限として導入しようというのは、いささか夢想的かも知れません。しかし、せめて一日最低連続一一時間の休息期間くらいは、最低限の健康確保のために導入を検討してもいいのではないでしょうか。

上記安全衛生法改正時の検討会では、和田攻座長が、六時間以上睡眠をとった場合は、医学的には脳・心臓疾患のリスクはないが、五時間未満だと脳・心臓疾患の増加が医学的に証明されていると説明しています。毎日六時間以上睡眠がとれるようにするためには、それに最低限の日常生活に必要な数時間をプラスした最低一一時間の休息期間を確保することが最低ラインというべきではないでしょうか。

なお、情報労連に属する九つの労働組合が、二〇〇九年春闘で、残業終了から翌日の勤務開始までの勤務間インターバル制度の導入を経営側と妥結しました。二社が一〇時間、七社が八時間と、ＥＵ指令よりやや緩やかですが、いのちと健康のための労働時間規制という方向に向けた小さな第一歩として注目すべきでしょう。

4　生活と両立できる労働時間を

日本型「時短」の欠落点

最近、ワークライフバランスという言葉がよく使われるようになりました。かつては「職業生活と家庭生活の両立」という言葉がよく用いられましたが、その際には、育児休業や介護休業、あるいは短時間勤務や保育施設の充実といった(主として女性労働者が)家庭責任を果たすための特別の措置にもっぱら焦点が当たり、男性労働者の恒常的な長時間労働にはあまり問題意識が向けられてきませんでした。これは、多くの日本人の意識の中で、労働時間を生活時間との間で配分すべき物理量としてではなく、賃金支払いの対象となる経済資源として、すなわち労使間の損得勘定の問題として捉える考えが強かったからでしょう。

そのため、一九八〇年代から九〇年代にかけての労働時間短縮に向けた国家的な取り組みにおいても、法的な措置は法定労働時間の週四八時間から週四〇時間への短縮と、年次有給休暇の拡大が主で、時間外・休日労働の実体的規制は見送られ、休日労働の割増率が三五%に引き上げられただけでした。しかし、法定労働時間を短縮しても時間外労働に法律上の上限はありませんし、年休が増えても取得率が下がれば実質的な時短にはなりません。法定労働時間が短縮した分、時間外労働が増えれば残業手当が増えるだけです。それでいいのかというのが法政策上の大問題でなければならなかったはずですが、そうならなかったのは、政労使とも労働時間を本質的にはカネ勘定の問題と捉えていたからでしょう。

それどころか、この時期の労働法政策においては、「時間外・休日労働の弾力的運用が我が国の労使慣行の下で雇用維持の機能を果たしている」(一九八五年労働基準法研究会報告)とか、「我が国の労働慣行の実情に合うような上限設定が可能かどうか定かでない」(一九九二年同報告)と、雇用維持のためのコストとして恒常的な長時間労働を是認する考え方が主流でした。これは、労働法政策が男性労働者の雇用維持を最優先課題としている時期には一定の合理性があったといえるかも知れません。ところが、その後、労働法政策が内部労働市場における雇用維持から外部労働市場における移動促進に徐々にシフトしていったにもかかわらず、この長時間労働哲学には疑問が呈されないまま二一世紀に至っているのです。

ワークライフバランスの登場

物理量としての長時間労働の問題が政策課題として意識されるようになったのはここ一〇年ほどに過ぎません。それも近年までは前節に見たように、過労死・過労自殺問題から発展してきた安全衛生法政策としての労働時間問題が中心でした。男性労働者の長時間労働がその仕事と生活の両立を困難にしているのではないかというワークライフバランスの問題意識が前面に出てきたのはごく最近です。

政府関係でこれを正面から取り上げたのは二〇〇四年六月の「仕事と生活の調和に関する検討会議」報告です。そこでは「個々の働く者が、いわゆる拘束度の高い正社員か拘束度の限定的な非正規労働者かといった二者択一をいたずらに迫られる現状を改め、すべての者が、育児・家族介護、自己啓発、地域活動への参加などの仕事以外の活動状況等に応じて、希望する生活時間を確保しつつ、生涯を通じて納得した働き方を選択できるようにするためには、現在の労働時間の在り方を見直す必要がある」と提起しています。しかしながら、現実はこれとは逆の方向に進んでいるようです。二五〜四四歳の男性で週六〇時間以上働く人の割合は二割以上という上記労働経済白書の指摘は、男性正社員にとってワークとライフがますますアンバランスになってきていることを物語っています。

普通の男女労働者のための基準

健康確保のための労働時間規制については前節で述べました。ここでは普通の男女労働者が仕事と生活を両立させるための労働時間規制を考えましょう。労働者の家庭生活や私的生活に使われるべき最低限の時間を確保するというのがその目的になります。恒常的な長時間労働を容認する考え方は、男性労働者には雇用維持さえ確保されれば家庭生活のための時間など必要ではないという価値判断に基づくものでしょう。男性は会社に出稼ぎに行き、女性は家庭で家事育児に専念するという典型的な男性稼ぎ手モデルです。これは究極的には個人の選択の問題ですから、「いのち」の安全が確保される限り長時間働きたいという選択を禁止することはできません。

しかし、普通の労働者に適用されるデフォルトルールは明確に変更すべきでしょう。つまり、男女労働者とも家庭生活とのバランスがとれる程度の時間外労働を上限とすべきということです。法制的には、三六協定により事業所単位で就労が義務づけられる時間外労働に法律上の上限を設定し、それを超える時間外労働は個別に合意した場合に限り認めるというオプトアウト方式が考えられます。その水準としては、現在育児・介護休業法で時間外労働の制限請求権として設定されている月間二四時間程度が考えられます。同法では、デフォルトルールは無制限の時間外労働で、労働者が請求して初めて時間外労働が制限されるのですが、それをひっくり返そうということです。

もっとも、イギリスの例に見られるように、個別オプトアウトには実はかなり問題がありま す。特に日本では、男性正社員がこれを断るのは相当の勇気がいりそうです。「なるほど、君はもう出世をするつもりはないと、こういうことだね？」という上司の言葉を覚悟しなければならないかも知れません。

こうした男性正社員の過重労働の原因となっているのは、彼らに課せられている過重責任です。もちろん、企業がどの労働者にどの程度の責任を要求し、要求しないかは、基本的に企業労使が決めるべきことですが、多くの男性正社員が長時間労働をしなければこなせないような過重な責任を負わされている現状のままでは、ワークライフバランスは絵に描いた餅でしょう。

この男性正社員の過重責任が、一方では非正規労働者の低い労働条件を正当化する要因になっています。労働法学者の水町勇一郎氏はかつて『パートタイム労働の法律政策』（有斐閣）の中で、同一義務同一賃金原則を提示しました。残業や配転を自由に命じることができ、年休の自由な取得もままならない正社員と、そういった拘束の少ない非正規労働者では、待遇が異なることも正当化されるという考え方です。拘束と報酬の社会的交換という意味ではもっともな議論なのですが、それを正社員と非正規労働者に割り当てることがどこまで社会的に正当化されるかが、今日再検討すべき問題なのではないでしょうか。

正社員のワークライフバランスの回復と非正規労働者の低い賃金・労働条件の改善とは、とりわけ男性正社員に当然の前提として課されている過重な拘束をいかに見直していくかという問題の楯の両面でもあるのです。その将来像として、今までの女性正社員の働き方を男女労働者共通のデフォルトルールとし、本人が希望して初めてそこから個別にオプトアウトできる仕組みとすることで、次章で見る非正規労働者との均等待遇問題に新たな視野が開けてくるように思われます。

■コラム■　ワークシェアリングとは何をすることか？

二〇〇九年になって急にワークシェアリングが話題になりました。ワークシェアリングという言葉は「ワーク」と「シェア」からできています。「シェア」とは「分かち合い」。誰かと何かを分かち合おうとするということは、その誰かを仲間だと考えるということです。ワークシェアリングも同じこと。誰と、どの範囲の人と「ワーク」を「シェア」しようという話なのかが、この問題を考える上で最も重要です。

まず、誰とも分かち合わないという「ノンワークシェアリング」があります。仲間なんかいない。労働条件に文句をいわない限り、市場に委ねておけば市場が自ずから「ワーク」を「シェア」するはずであるという市場原理主義の考え方です。

次に、仲間は企業の正社員だという考え方があります。経営状況が悪化して、正社員の一部を解雇せざるを得ないときに、その代わりにみんなの労働時間を減らして、その雇用を維持するというものです。二〇〇二年には「緊急避難型」と呼ばれました。

さらに、企業の枠を超え、失業者も含めすべての労働者を仲間と考え、すべての労働者の間で仕事を分かち合おうという考え方があります。二〇〇二年には「雇用創出型」と呼ばれました。ヨーロッパでワークシェアリングといえばこの「労働者全体のワークシェアリング」を指します。その実効性については疑問が呈されていますが、日本ではそもそも検討の対象にもなりませんでした。

二〇〇二年当時話題になったのが「多様就業型」のワークシェアリングですが、これを「仲間」の観点から説明すれば、狭義の「ワーク」を超えて、生活全体の時間のあり方を、女性や高齢者などさまざまな社会成員の間で「シェア」しようとするものだといえるでしょう。具体的には短時間勤務など就業形態を多様化することによって、より多くの人々に雇用機会を与えようとするもので、いわばワークライフバランスと雇用創出の一石二鳥を狙った政策といえます。

しかし、二〇〇二年に日本でこのタイプを称揚した人々が、モデルとされたオランダのようにフルタイムもパートタイムも厳格に均等待遇、相互転換自由で、男性も女性も等しく家庭責任を果たし、地域社会に参加し、個人の生活を楽しむ時間を分かち合う社会をつくろうとしていたのかどうかいささか疑問です。単に非正規労働者を増やして、労働力を安上がりにして、雇用を増やすことだと理解していたのではないでしょうか。

その後、景気回復とともにワークシェアリングは人々の関心から失われました。そして今、派遣切りや有期切りという形で、非正規労働者の雇用問題が注目を集める中で、再びワークシェアリングが論じられ始めました。現在、ワークシェアリングという言葉で意識されているのはもっぱら「緊急避難型」のようです。しかし、現実に非正規労働者が雇用を失っているさなかに、「正社員は仲間だから仕事を分かち合おう」というのは、必ずしも賞賛されるとは限りません。

かつての非正規労働者は家計補助的なパート主婦やアルバイト学生が中心で、会社の「仲間」などではあり得ませんでしたが、今日の非正規労働者の多くは家計維持的な低賃金労働者です。今日、その問題に触れないでワークシェアリングを語ることは不可能になりつつあります。■

5　解雇規制は何のためにあるのか？

普通の男女労働者が家庭生活とのバランスのとれた働き方ができるようにするためには、今まで当然と思われてきた雇用保護のあり方についても見直しが必要になってきます。

恒常的時間外労働と整理解雇法理

前節で引用したように、労働基準法研究会報告は時間外労働に上限設定しない理由づけとして、「時間外・休日労働の弾力的運用が我が国の労使慣行の下で雇用維持の機能を果たしている」(一九八五年報告)とか、「我が国の労働慣行の実情に合うような上限設定が可能かどうか定かでない」(一九九二年報告)と述べていました。裏返していえば、企業経営が傾いたときに労働者の雇用を維持するためには、通常の経営状態のときにかなりの時間外労働を行うことを甘受する必要があるということです。恒常的に時間外労働を行っていて初めて、いざというときに時間外労働を減らすことができます。需要の低下に応じて生産水準を引き下げざるを得なくなっても、恒常的時間外労働というバッファーがあれば、それを削減することによって、労働者数を減らすことなく投入労働時間を減らすことができます。

もちろん、恒常的時間外労働が行われていなくても、所定労働時間を削減して同様の効果を得ることはできますし、これが本来の意味での企業内ワークシェアリングなのですが、それには自ずから限界があります。恒常的時間外労働が多ければ多いほど、いざというときに減らせるバッファー部分が分厚くなるので、労働時間削減では背負いきれなくなって雇用削減に手をつけざるを得ない状況に立ち至る可能性が少なくなります。もし労働者側に恒常的時間外労働をすることへの抵抗感が少なく、解雇されることへの抵抗感が極めて強いとすれば、恒常的時間外労働はできるだけ分厚くしておくのが合理的ということになるでしょう。日本の労使はまさにその方向を選択してきたわけです。

そしてこの選択は、石油ショック後に確立した整理解雇法理の中で明確に規範化されました（東洋酸素事件東京高裁判決〈一九七九年一〇月二九日〉）。そこでは、人員削減の必要性、解雇回避努力義務、被解雇者選定の相当性、労働組合や労働者との協議義務の四要件（または四要素）が求められています。この解雇回避努力義務の一つとして時間外労働の削減を挙げる裁判例が多く見られます。もちろん、整理解雇法理が恒常的時間外労働を企業に義務づけているわけではありませんが、いざというときに実施できる解雇回避措置は日頃から準備しておいた方が無難です。つまり、ワークライフバランスに配慮しすぎることは解雇回避に努力しないことになってしまいます。

このパラドックスが戯画的に示されたのが、時間外労働義務に関する最高裁の判例（日立製作所武蔵工場事件〈一九九一年一一月二八日〉）です。上司の命じた残業を拒否した労働者に対して懲戒解雇をしたこの事件について、最高裁判所は解雇権の濫用には当たらず解雇は有効だと認めました。時間外労働義務はあるにしても、それに従わないことを理由にした解雇を認めるということは、いったい解雇規制は何のためにあるのだろう？　という疑問をいだかせます。

遠距離配転や非正規労働者と整理解雇法理

ワークライフバランスの観点からみた整理解雇法理のもう一つの問題点は、解雇回避努力義務の一つとして配転・出向の実施を挙げていることです。もちろん、整理解雇法理が恒常的な配転・出向を義務づけているわけではありませんが、いざというときに配転・出向を円滑に実施するためには、日頃から恒常的に配転・出向を行っている方が便利です。配転・出向、とりわけ住所の移転を伴う遠距離配転は労働者の家庭生活に深刻な影響を与えるものですが、いざというときに解雇回避に努力できるように、労働者の方もワークライフバランスを我慢しろと(暗黙に)求めているといえるでしょう。

これについても、高齢の母と保育士の妻と二歳児を抱えた労働者に遠距離配転を命じ、拒否したことを理由に懲戒解雇した事件について、権利の濫用に当たらず解雇を有効と認めた最高裁の判例(東亜ペイント事件(一九八六年七月一四日))があります。自分自身頻繁な転勤を繰り返す裁判官にとって業務命令で単身赴任は当たり前、「家庭生活上の不利益は、転勤に伴い通常甘受すべき程度のものというべき」(判決の言葉)なのでしょう。しかし、本当にそれでいいのでしょうか。いったい解雇規制は何のためにあるのでしょうか。

さらに、一見、ワークライフバランスと関係ないように見えるかも知れませんが、整理解雇法理の解雇回避努力義務にはもう一つ今日の価値観からみてどうなのかと思われるものがあります。それは、正社員の雇用に手をつけるのであれば、その前に非正規労働者を雇い止めしなければならないという点です。

非正規労働者の問題は次章で本格的に取り上げますが、有期労働者が更新を繰り返して雇い止めされた事件（日立メディコ事件（一九八六年一二月四日））について、最高裁は正社員の希望退職募集に先立って有期労働者を雇い止めすることを認め、「いわゆる本工を解雇する場合とは自ずから合理的な差異があるべき」と述べています。つまり、正社員を解雇しないですむためのバッファーとして有期労働者を反復更新して利用することを整理解雇法理は認めているのです。

生活との両立を守る解雇規制こそ必要

整理解雇法理が形成された一九七〇年代の感覚であれば、妻が専業主婦であることを前提にすれば長時間残業や遠距離配転はなんら問題ではなかったのでしょう。また、非正規労働者が家計補助的なパート主婦やアルバイト学生であることを前提とすれば、そんな者は切り捨てて家計を支える正社員の雇用確保に集中することはなんら問題ではなかったのかも知れません。

しかし、今やそのようなモデルは通用しがたいのではないでしょうか。共働き夫婦にとっては、雇用の安定の代償として長時間残業や遠距離配転を受け入れることは困難です。特に幼いこどもがいれば不可能に近いでしょう。そこで生活と両立するために、妻はやむを得ずパートタイムで働かざるを得なくなります。正社員の雇用保護の裏側で切り捨てられるのが、パートで働くその妻たちであったり、フリーターとして働くそのこどもたちであったりするようなあり方が本当にいいモデルなのでしょうか。

すべての労働者に生活と両立できる仕事を保障するということは、その反面として、非正規労働者をバッファーとした正社員の過度の雇用保護を緩和するという決断をも同時に意味するはずです。「正当な理由がなければ解雇されない」という保障は、雇用形態を超えて平等に適用されるべき法理であるべきなのではないでしょうか。

日本の解雇規制の奇妙な点は、企業が経営不振に陥ってやむを得ず行う整理解雇については(正社員に限って)かなり厳格な要件を求めるわりに、特段経営上解雇の必要性があるとは思われないような労働者個人の行為言動に対する懲戒解雇やそれに準じる個別解雇については規制が緩やかな点です。ヨーロッパ諸国にはいずれもなんらかの解雇規制がありますが、その主眼は使用者による恣意的な解雇を制限するところにあり、経営上の理由に基づく解雇については労働者代表との協議手続きが中心です。

つまり、整理解雇は集団的な労働者参加システムの問題なのです。どういう措置をとれば整理解雇が認められるかは、労使間で話し合って決めるべきことです。この点については、第４章で職場からの産業民主主義の実現という観点から、あらためて触れたいと思います。これとは逆に、時間外労働を拒否したからといって解雇されたり、配転を拒否したからといって解雇されたりすることがないように、使用者に対して弱い立場にある個人としての労働者の権利を守るためにこそ、解雇規制が存在しているのです。

最近、日本の解雇規制は諸外国に比べて厳しいのか緩いのかという議論が盛んです。しかし、日本の解雇規制はある面では過度に厳しく、ある面では不当なまでに緩いのです。経済学者はとかく整理解雇のみを念頭に置いて解雇規制を論じがちですが、本当に必要なのは生活との両立を守るための解雇規制、企業から「退出（エグジット）」を迫られることなく「発言（ボイス）」することができる担保としての解雇規制ではないでしょうか。

第2章　非正規労働者の本当の問題は何か？

1　偽装請負は本当にいけないのか？

偽装請負追及キャンペーン

二〇〇六年七月、朝日新聞は総力を挙げて「偽装請負追及キャンペーン」を始めました。特に、御手洗冨士夫日本経団連会長のお膝元であるキヤノンと、日本有数の電器メーカーである松下電器産業（現パナソニック）において、大量の請負労働者を使っていることが糾弾されました。

「偽装請負」という言葉は、実態は労働者派遣事業であるのに請負を偽装しているという意味です。つまり、本来労働者派遣会社からの派遣労働者という形で受け入れなければならないのに、請負会社の労働者として事実上受け入れて使っているのが違法である、という意味でしかありません。それ以上の意味はあり得ません。その請負労働者の賃金や労働条件が劣悪であるとか、雇用が不安定であるとかといった非難の意味は、仮にそれが現実であって、かつその非難の思いこそがこの追及キャンペーンの原動力であったとしても、少なくとも「偽装請負」

「偽装請負」という言葉で非難する限り、その中に存在し得ません。あくまでも、請負という契約形式が労働者派遣事業という実態に合わないことに対する法的形式論としての非難があるだけです。

「偽装請負」とはそもそも何か？

「偽装請負」という概念は、請負と労働者派遣事業とは別物であり、きれいに区分できるという考え方に立脚しています。現在のその根拠は「労働者派遣事業と請負により行われる事業との区分に関する基準を定める告示」(昭和六一年労働省告示第三七号)、いわゆる区分基準告示です。そこでは、請負とは「業務の遂行に関する指示その他の管理」「労働時間等に関する指示その他の管理」「企業における秩序の維持、確保等のための指示その他の管理」を請負業者が自ら行うものでなければならないとされています。この考え方は一九四八年の職業安定法施行規則第四条における労働者供給事業と請負の区分に遡ります。これは、一九四七年の職業安定法によって、労働組合を除き、すべての労働者供給事業が禁止されたことを前提として、請負と称していても実態が労働者供給であれば禁止するという政策のために設けられたものです。

　ところがさらに遡れば、戦前の言い方では労務供給事業も請負の一種でした。法制上も、商法は営業的商行為として現在でも「作業または労務の請負」(第五〇二条)を挙げています。これに対し、商行為ではない民事上の契約類型として、民法は「請負」を「仕事を完成すること」と定義していますが、これは本人の労務を提供する契約としての「雇用」と区別するための概念整理であって、他人の労務を提供するという商行為は「仕事を完成すること」ではなくても商法上においては「請負」なのです。一九四八年の職業安定法施行規則は、この労務請負か作業請負かという問題を、労働者供給事業か請負かという表現で規定したものといえます。

　しかしながら、労務請負と作業請負は実際には連続的であり、きれいに峻別できるわけではありません。一方の極には、全く個別作業ごとに労働者一人ひとりを供給するという典型的な労務請負があります。この場合、当該供給労働者一人ひとりがその事業場の指揮命令下に置かれます。他方の極には、ある事業場の事業全体をまるごと一つの作業集団に請け負わせるという典型的な作業請負があります。この場合、当該事業を請け負った以上、集団内部に指揮命令は及びません。しかしながら、その中間にはある事業場の事業の一部であってある程度組織的にまとまった単位を請け負わせるという形態があります。ある事業場の一部、例えば課や係といった単位で作業を請け負った場合を考えてみましょう。この場合、グループ内でリーダーが指揮命令するとともに、その一人ひとりが事業場の幹部やグループ外部から何らかの指示を受けることはあり得るでしょう。その課や係の労働者が直接雇用であればごく普通のことです。しかし、上記区分基準告示は、こういう中間的なあり方を想定していません。純粋な請負か労働者派遣事業(労働者供給事業)のどちらかに区別できると考えているようです。

日本経団連会長の指摘

現実の職場におけるコミュニケーションのどこまでが区分基準告示でいう「指示」に当たり、どこまでがそれに当たらないのかは必ずしも明確とは言いがたいところがあります。そうすると、うかつに接触して「指示」したととられないように、請負労働者との接触は控えた方が賢明ということになるでしょう。

ところがこの話を複雑にするのは、二〇〇五年の労働安全衛生法改正によって、製造業の元《もと》方《かた》事業者(ある場所で行う事業の一部を請負人に請け負わせている事業者)に対しても、混在作業によって生ずる労働災害を防止するため、作業間の連絡調整、合図の統一など必要な措置を講ずる義務を課されたことです。請負であっても、請負労働者に対して「指示」には当たらない一定のコミュニケーションをとらねばならず、それを怠ると五〇万円以下の罰金に処せられます。

しかし実は、こういった規定は建設業や造船業では従来から設けられていました。重層請負関係で行われるのが普通のこれら事業では、元方事業者に統括管理者の選任や協議組織の設置、作業間の連絡調整、安全巡視などが義務づけられるとともに、統括安全衛生責任者の選任も求められています。二〇〇五年改正は、この元方事業者の責任が他の製造業にも広がってきたということになります。こと安全衛生に関する事項については、積極的に接触することが望ましいということになるわけです。

以上は法制上の問題ですが、そもそも同じ職場に働く労働者として、仕事に関わることやそれ以外のことも含めて関係を深めていきたいと考えるのは自然なことです。わたしは二〇〇六年から二〇〇七年にかけて、連合総研の「請負等外部人材に関する労使間の課題に関する調査研究委員会」の委員としてヒアリングを行いましたが、各企業ではさまざまな社内行事への請負労働者の参加が図られていましたし、請負労働者の処遇改善への働きかけや教育訓練、提案制度など、請負要件との関係で境界線上の問題についても意欲的でした。請負労働者との接触は望ましくないのか、望ましいのか。これは現行法制度の下で現場が置かれた二律背反的状況といえます。

この点をあえて指摘したのが日本経団連の御手洗冨士夫会長でした。彼は二〇〇六年一〇月一三日の経済財政諮問会議で「請負法制に無理がありすぎる」と述べて、マスコミの集中砲火を浴びたのです。

請負労働の労働法規制

この「無理」は、しかしながら、本来労働法によって規制されるべき請負がなんら規制されていないという事実から生じていることを見落としてはなりません。むしろ、請負労働法制が存在しないことが「無理」なのです。本来あるべき請負労働法制の欠落を、派遣法制によって埋め合わせようとするためにさまざまな矛盾が生じているのです。御手洗会長のいう「無理」は、請負労働を労働法上適切に規制することによってのみ解決するはずです。

意外に思われるかも知れませんが、戦前はそうなっていました。一九一一年に制定された工場法の適用に当たっては、「雇傭関係カ直接工業主ト職工トノ間ニ存スルト或ハ職工供給請負者、事業請負者等ノ介在スル場合トヲ問ハス、一切其ノ工業主ノ使用スル職工トシテ取扱フモノトス」(大正五年一一月七日商局第一二七四号)と、明確に工業主に使用者責任を負わせていたのです。この事実――戦前期には事業請負(つまり告示でいう派遣ではない正しい請負)であっても、工場法（つまり労働基準法制）の適用上、工場主（つまり受入れ企業）を使用者として取り扱っていたこと——を法的規範として再認識する必要があります。

さらに建設業では、一九三一年に制定された労働者災害扶助法により、安全衛生責任と表裏一体の労災補償責任も元請事業者に課せられていました。この規定は、実は戦後の労働基準法にも盛り込まれ（第八七条）、現在もちゃんと生きています。そして、建設業における下請労働者の労災保険料は、雇用関係どころか指揮命令関係も存在しないはずの元請事業者が支払っています。上述の労働安全衛生法の規制と併せて、現行法にも請負労働の労働法規制はきちんと存在しているのです。

製造業でこの考え方が失われたのは、戦後労働者供給事業が禁止されたため、真剣に考える必要がなくなったためでしょう。ただ、建設業においては、事実上労務下請という限りなく労働者供給事業に近い事業形態を請負であると称してきたため、労災補償責任を元請事業者が負うという、現実に対応する法制度が生き残ってきたのです。今日の製造業における請負労働を考える上で役に立つのは、むしろこの戦前以来の考え方であるように思われます。

2　労働力需給システムの再構成

ここで、請負も含めて、労働者派遣事業や労働者供給事業といった三者間労務供給関係のあり方について整理しておきましょう。その際、鍵になるのは指揮命令があるかどうかといった必ずしも一義的に定めがたいことではなく、どんな形式にせよそこで働いている間だけ雇用されているのか、それとも働いていないときにも雇用されているのかという点に求めるべきではないかと思われます。これは、登録型派遣事業という事業形態について深く考えることで浮かび上がってくる発想です。

登録型派遣事業の本質

そもそも、労働者派遣法では「労働者派遣」という言葉を「自己の雇用する労働者を、当該雇用関係の下に、かつ、他人の指揮命令を受けて、当該他人のために労働に従事させること」と定義しています(第二条第一号)。常用型派遣事業(派遣の合間の期間も派遣元が派遣労働者を雇用して賃金を払うタイプ)は、まさにこの定義のとおりです。派遣というのは自分の雇用する労働者の配置行為にほかなりません。

これに対し、登録型派遣事業（派遣されている間だけ派遣元が派遣労働者を雇用するタイプ）が厳密な意味でこの定義に該当するかどうかは疑問の余地があります。登録型派遣事業では、少なくとも派遣の注文を受けた段階では派遣元の「自己の雇用する労働者」ではありません。なぜなら、その労働者が派遣元の「自己の雇用する労働者」になるのは労働者派遣が開始される時点だからです。ところが、そこから過去に遡って、まだ派遣元の「自己の雇用する労働者」ではなかったはずの者を「自己の雇用する労働者」であったかのように見なして、その配置行為として派遣が行われるという法的構成をとっているのです。このような法的構成が可能なのは、派遣元が派遣の注文を受けて、適当な派遣労働者を登録されている者の中から選び、その者を労働者派遣するという意思決定をして、実際にその者が派遣先に行って就労を開始するという一連の流れを、時系列に沿って発生する事象ととらえずに、すべて同時に発生するものと見なしているからでしょう。極めてアクロバティックな論理ですが、そのような構成をとらなければ、登録型という労働者派遣事業形態が労働者派遣法に定める「労働者派遣」ではなくなってしまうおそれがあるのです。

しかしながら、このようなアクロバティックな法的構成に基づいた法律上の概念規定は世間的には決して一般的なものではありません。むしろ、登録型派遣事業とは使用者責任を派遣元が負ってくれるというサービスつきの職業紹介事業であるという認識の方が一般的であるように見えます。このような認識は、二〇〇七年末に規制改革会議が公表した規制改革要望の中で、全国地方銀行協会が事前面接の解禁を求めた際に、「事前面接を解禁することで、雇用のミスマッチが解消され、求職者・求人企業の双方の利益につながる」と述べていることからも明らかでしょう。経営側にとっても、派遣先は「求人企業」であり、派遣労働者は「求職者」なのです。ここまで露骨にいわないにしても、規制改革会議や日本経団連の規制緩和要望では、派遣就労前に事前面接を行い適性を確認することはミスマッチや就労開始後のトラブルを避けるために必要であると主張しています。

世間の常識からすれば、この方が働くということの道理にかなっています。派遣先で働く生身の人間に会ってはならないなどというのは、いかにも非人間的です。しかしながら、この規制は派遣先と派遣労働者の間に雇用関係を成立させないための人為的な規制なのです。現実に派遣先で働く生身の人間に対して、派遣先とは一切雇用関係がないと突っぱねるための法的装置であり、現実には派遣先が当該職務に適格な労働者を雇い入れようとする行為であるにもかかわらず、それを唯一の使用者である派遣元の配置転換に過ぎないという法的仮構を貫くための防波堤なのです。常用型派遣事業であれば、派遣の注文を受ける前からすでに派遣元の「自己の雇用する労働者」なのですから理屈は立ちます。しかしながら登録型派遣事業の場合、まだ派遣元の「自己の雇用する労働者」になっていない者を派遣先が面接して就労を決定した後で、過去に遡って派遣元の「自己の雇用する労働者」であったことにするのは困難でしょう。すなわち、登録型派遣事業において事前面接を解禁することは登録型がよって立つ論理的基盤そのものを失わせてしまうことになるのです。

登録型において、未だ派遣元の「自己の雇用する労働者」になっていない登録者を派遣先が事前面接し、派遣先における就労を決定した場合に、それが派遣先と登録者の間の雇用関係の発生にならないためには、常用型における派遣元と派遣労働者の間の雇用関係と同様のなんらかの法的関係が、派遣元と登録者の間にあらかじめ存在しなければならないはずです。しかしながら、それは定義上雇用関係ではあり得ません。一つの考え方としては、雇用契約自体ではないが、雇用の予約ではないかという考え方があり得ます。しかしながら、現在の判例法理では雇用の予約に当たる採用内定も雇用契約自体の締結であると解されています。そうすると、登録型においては登録時に雇用関係はないが雇用の予約は存在するとも言えません。ひと言でいえば、登録状態において、事前面接した派遣先と登録者との間に雇用関係の成立を妨げるような法的関係は存在しません。

このように見てくると、法的仮構に基づく人為的な規制を世間の常識に合わせよと経営側が要求するのであれば——それはまことにもっともな要求でありますが——法的仮構そのものをどのように見直すつもりなのか、という問いを避けることはできません。これは雇用関係も存在しなければ雇用の予約でもない「登録」という現象をいかなる法的関係として捉えるかということでもあります。

労働組合の労働者供給事業

実態として登録型派遣事業における登録状態に最も近いのは、労働組合の行う労働者供給事業における組合員としてのメンバーシップでしょう。現在、労働者供給事業を行っている労働組合はごくわずかです。日本型雇用システムにおける企業別組合とは全く正反対のタイプの労働組合ですから、イメージが湧きにくいかも知れません。例えば、新産別運転者労組(新運転)は一九六〇年に設立されて以来、タクシーやトラックの運転手を供給してきました。そのほか、バスガイドや添乗員、システムエンジニアや介護、さらには音楽家の供給事業までであります。

登録型派遣事業とは、労働組合以外によるものであっても、一定のメンバーシップに基づく労働者供給事業には弊害がないから認めたものなのではないでしょうか。そして、そう考えれば、登録型派遣事業についても労働者供給事業と基本的に同じ規制を行えば足りるはずであり、逆に同じ規制を行うべきであるということになるはずです。

労働者供給事業については、極めて乏しい議論しかされてきていませんが、いくつかの裁判例は存在します。鶴菱運輸事件（横浜地裁一九七九年一二月二一日）、渡辺倉庫運送事件（東京地裁一九八六年三月二五日）、泰進交通事件（東京地裁二〇〇七年一一月一六日）といった地裁レベルの判決はいずれも、供給先と供給労働者の関係を「使用関係」としながらも、供給組合と供給先との間の供給契約が存在する限りで存続する特異な使用関係としています。おそらく、それが最も実態に即した法的構成でしょう。そして、登録型派遣事業における派遣先と派遣労働者の関係も、社会的実態としてはこれと同じであると考えられ、同じような特異な使用関係と捉えることが最も適切であったはずです。ところが、一九八五年に労働者派遣法が制定される際には、実態的に労働者供給事業と類似する登録型派遣事業を、請負や出向と類似する常用型派遣事業と全く同じ法的構成（「自己の雇用する労働者を……」）の中に押し込めてしまったのです。

労働組合の労働者供給事業はなんら限定なく合法的に行われる事業であるにもかかわらず積極的な意味でほとんど労働法学的な検討の対象になってきませんでした。今でも、労働法学者が労働者供給事業に言及するときは、禁止されるべき悪の象徴として語られることがほとんどで、労働者供給事業の法的構造を正面から論じた業績は(全くないわけではありませんが)ほとんど見あたりません。そろそろ正面から議論すべき時期であるように思います。

その際、労働組合法との関係をあらためてきちんと整理し直す必要があります。現在の仕組みでは、労働者供給事業を行う労働組合と供給先の企業が労働協約を締結し、これが供給契約になるとされていますが、そうすると供給元と供給先の間の商取引契約である供給契約が、同時に供給労働者の労働条件について規範的効力(労働条件を定める効力)を有する労働協約でもあるということになってしまい、労働法規制のあり方として問題をはらんでいます。

また、労働組合に事業者性が認められないために、社会労働保険の適用が難しいという点が従来から指摘されています。これに対応するため、労働組合が派遣事業体を設立し、労働組合から派遣事業体に労働者を供給し、派遣事業体から派遣先に労働者を派遣するという入り組んだ仕組みをとるところもあります。あるいは、中小企業等協同組合法に定める企業組合を設立し、その組合員という形で事業を行うところもあります。この場合、その組合員は企業組合への労務出資者ということになりますので、労働法の適用上難しい問題をもたらします。このあたりも突っ込んだ議論が求められるところです。

臨時日雇い型有料職業紹介事業

もう一つ、実態として極めて登録型派遣事業に近いのが、家政婦、マネキン、配膳人といった臨時日雇い型の有料職業紹介事業です。これらにおいても、求職者は有料職業紹介所に登録し、臨時日雇い的に求人があるつど就労し、終わるとまた登録状態に戻って、次の紹介を待ちます。ところが、こちらは職業紹介という法的構成を取っているため、就労のつど紹介先が雇い入れてフルに使用者になります。実態が登録型派遣事業と同様であるのに、法的構成は全く逆の方向を向いているのです。これは、占領下の政策に原因があります。

もともと、これらの職種は戦前には労務供給事業で行われていました。ただし、港湾荷役や建設作業のような労働ボス支配ではなく、同職組合的な性格が強かったと思われます。ところが、これらも職業安定法の労働者供給事業全面禁止のあおりを受けて、弊害はないにもかかわらず禁止されてしまいました。一部には、労働組合を結成して供給事業を行うケースもありました(看護婦の労働組合の労働者供給事業など)が、労働組合でなくてもこの事業を認めるために、逆に職業紹介事業という法的仮構をとったのです。

しかしながら、これも事業の実態に必ずしもそぐわない法的構成を押しつけたという点では、登録型派遣事業と似たところがあります。最近の浜野マネキン紹介所事件(東京地裁二〇〇八年九月九日)に見られるように、「紹介所」といいながら、紹介所がマネキンを雇用して店舗に派遣するケースも見られます。マネキンの紹介もマネキンの派遣も、法律構成上は全く異なるものでありながら、社会的実態としてはなんら変わりがないのです。その社会的実態とは労働者供給事業に他なりません。

このように、登録型労働者派遣事業、労働組合の労働者供給事業、臨時日雇い型有料職業紹介事業を横に並べて考えると、社会的実態として同じ事業に対して異なる法的構成と異なる法規制がなされていることの奇妙さが浮かび上がってきます。そのうち特に重要なのは、事業の運営コストをどうやってまかなうかという点です。臨時日雇い型有料職業紹介事業では法令で手数料の上限を定めています。労働組合の労働者供給事業は法律上は「無料」とされていますが、組合費を払う組合員のみが供給されるわけですから、実質的には組合費の形で実費を徴収していることになります。これと同じビジネスモデルである登録型派遣事業では、派遣料と派遣労働者の賃金の差額、いわゆる派遣マージンがこれに当たります。正確にいえば、法定社会保険料など労働者供給事業や有料職業紹介事業では供給先や紹介先が負担すべき部分は賃金に属し、それ以外の部分が純粋のマージンというべきでしょう。この結果明らかになるのは、派遣会社は営利企業であるにもかかわらず、臨時日雇い型紹介事業と異なり、その実質的に手数料に相当する部分についてなんら規制がないということです。派遣元が使用者であるという法律構成だけでそれを説明しきれるのでしょうか。

労働力需給システムの再構成

ここで、さまざまな三者間労働力需給システムを、請負元＝派遣元＝供給元＝紹介元との関係と請負先＝派遣先＝供給先＝紹介先との関係の程度によって、次のように分類してみましょう（次頁図参照）。

① 請負業者がもっぱらその常用雇用する労働者を指揮命令し、発注者は個々の労働者には指揮命令を行わない作業請負

② 請負業者が常用雇用する労働者が、請負業者の指揮命令とともに発注者の指揮命令をも受けて就労している労務請負的な性格を有する作業請負（偽装請負）

③ 派遣元事業者が常用雇用する労働者が、派遣先の指揮命令を受けて（派遣がグループで行われる場合には、当該グループリーダーの指揮命令を受けつつ）就労する労働者派遣事業

④ 請負業者が請負期間を雇用期間とする形で有期雇用する労働者を指揮命令し、発注者は

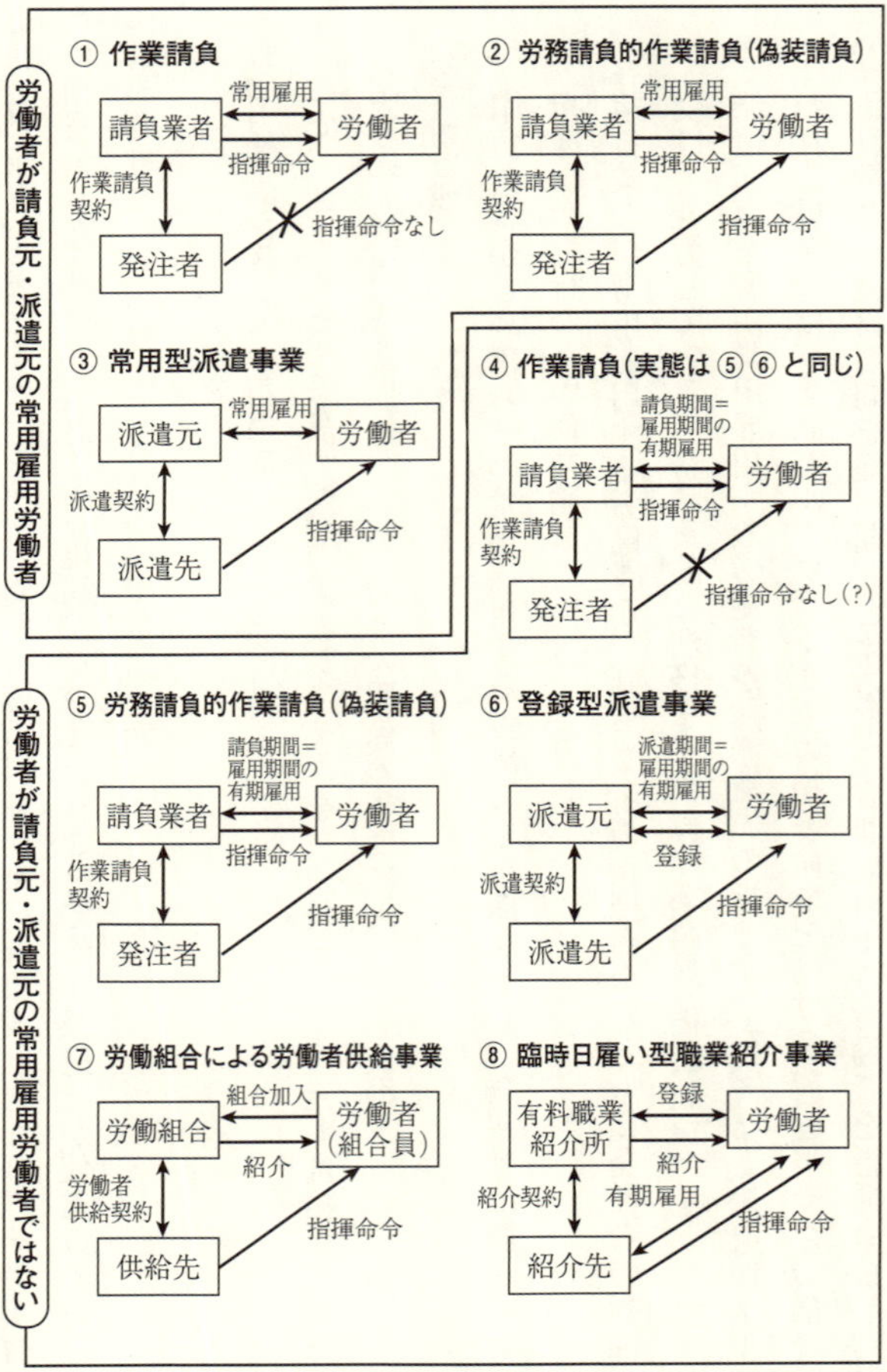

労働力需給システムの分類

個々の労働者には指揮命令を行わない作業請負(これは概念的にはありえても、実態は⑤や⑥と同じことが多いでしょう)

⑤請負業者が請負期間を雇用期間とする形で有期雇用する労働者を指揮命令しつつ、発注者も指揮命令する労務請負的作業請負(偽装請負)

⑥派遣元事業主に登録される労働者が、派遣期間を雇用期間とする形で派遣元に有期雇用され、派遣先の指揮命令を受けて(派遣がグループで行われる場合には、当該グループリーダーの指揮命令を受けつつ)就労する労働者派遣事業

⑦供給元労働組合の組合員である労働者が、供給先の指揮命令を受けて就労する労働者供給事業

⑧有料職業紹介所に登録される労働者が、臨時日雇い的な就労を目的として、紹介先に有期雇用され、その指揮命令を受けて就労する職業紹介事業

法律上の構成からすれば、これらは請負、労働者派遣事業、労働者供給事業、職業紹介事業に分けられることになりますが、社会的実態からすれば、労働者が請負元＝派遣元の常用労働者であるもの(①〜③)と、そうではないもの(④〜⑧)の二つに大きく分けるべきでしょう。社会的実態に合わない法的構成を、現実の姿に合わせる方向で考えるのであれば、その出発点は

まずここにあるのではないでしょうか。

労働者が請負元＝派遣元の常用労働者である三者間労務供給システムについては、雇用契約関係が請負元＝派遣元との間に常時存在することから、このような就労形態それ自体に対して規制を行う必要性はそもそもあまりないと思われます。ただし、現在請負は法律上無規制で、常用型派遣事業は届出制とされていますが、請負であっても安全衛生上の一定の責任があるのですから、そのような三者間労務供給関係にはいることについての公的機関への通知義務は必要でしょう。

一方、雇用契約の有無にかかわらず労務提供―労務受領関係にあることを前提とする労働者保護法の規定は、原則的に派遣先＝請負先を使用者として適用されるべきでしょう。雇用契約関係上、派遣元＝請負元の常用労働者であるからといっても、派遣先＝請負先の事業場において、派遣先＝請負先に（個別的であれ集団的であれ）労務を提供するものであることには変わりはないからです。雇用契約関係に基づくものを除き、労働時間規制や安全衛生規制についてはすべて派遣先＝請負先責任とすべきであると思われます。

現行法では、安全衛生は派遣先の責任だといいながら、安全衛生管理に問題があったために発生した労働災害や職業病についての補償責任は、使用者である派遣元の責任ということに整理されています。補償責任を負わない派遣先に安全衛生管理にコストをかけようというインセンティブが働くでしょうか。この点、建設業については戦前の労働者災害扶助法の時代から、元請事業者が下請業者の労働者についても補償責任を負う仕組みとしていることが参照されるべきです。また、民事裁判では派遣先＝請負先に安全配慮義務が課せられ、損害賠償が認められていることとの均衡も図られることになるでしょう。

これに対して、請負先＝派遣先＝供給先＝紹介先での就労が開始されるまでにおいて、当該労働者と請負元＝派遣元＝供給元＝紹介元の間に雇用関係が存在せず、登録という一定のメンバーシップが存在するだけの三者間労務供給システムについては、現行派遣法のように常用型モデルを無理に適用して派遣元との間に雇用関係を擬制するのではなく、労働者供給事業としての実態に最も即した法的構成、すなわち供給契約の存在する限りで存続する特異な使用関係が請負先＝派遣先との間で成立するものと構成すべきでしょう。

この場合、請負先＝派遣先＝供給先＝紹介先が負うべき使用者責任は、常用型派遣事業と同様の労働時間および安全衛生関係の責任に加えて、（派遣元事業主を通じた、または直接の）賃金の支払いや福利厚生など一般労働条件に属する分野のものとなります。男女雇用機会均等法や育児介護休業法、パート法や労働契約法など、他の雇用契約関係を前提とする労働法制についても、基本的にすべて（雇用終了に係る部分を除き）請負先＝派遣先＝供給先＝紹介先が使用者として責任を持つと考えるべきでしょう。こう考えることによって、例えば障害者雇用率制度についても、実質的に障害者の使用者としてコストを負担しなければならない派遣先の労働者としてカウントするという自然な姿になりますし、労働法制のさまざまな分野で用いられている過半数代表制においても、派遣労働者は派遣先の労働者としてカウントすることができます。

もっとも、この使用関係は請負契約＝派遣契約＝供給契約＝紹介契約が存在する限りで存続する特異なものですから、解雇保護（雇止め規制）はここでの労働者保護には含まれません。この点は、労働組合の労働者供給事業についての累次の判決が参照されるべきでしょう。

■コラム■　日雇い派遣事業は本当にいけないのか？

二〇〇七年七月、六本木ヒルズの前に派遣ユニオンをはじめとする団体が集結し、データ装備費と称して賃金の一部をピンハネしていた日雇い派遣事業大手のグッドウィルに対する抗議行動を繰り広げました。マスコミも日雇い派遣労働者の悲惨な実情を競って報道し、野党のみならず与党からも日雇い派遣事業の禁止論が出されるようになりました。当時わたしは、朝日新聞紙上で派遣ユニオン書記長の関根秀一郎氏と対談し、日雇い派遣事業禁止論に反対しました。わたしの主張はマージン規制と危険有害業務への派遣の規制、派遣先に使用者責任を負わせることでしたが、多勢に無勢、二〇〇八年には政府から日雇い派遣事業を原則禁止する法改正案が提出されました。同法案は二〇〇九年七月現在、まだ成立に至っていませんが、ここであらためて日雇い派遣事業は禁止しなければならないほど悪いのかどうか、再考してみる必要があります。

確かに、データ装備費とか業務管理費と称して不明瞭なピンハネを続けていた企業は許されるものではありません。しかし、「日雇い」も「派遣」もそれだけでは禁止されていません。それが組み合わさるとなぜ禁止しなければならないほどの悪さが発生するのか、説得的な論拠は示されていないように思います。厚生労働省の研究会は、派遣元が雇用者責任を果たしにくくなることを禁止の理由に挙げていますが、それは登録型派遣事業に対しても無理に派遣元が使用者責任を負うという枠組みを押しつけたことから生じているものでしょう。

実は、労働組合による労働者供給事業や臨時日雇い型有料職業紹介事業においても日雇いという雇用形態が一般的です。そして、そのこと自体がそこで働く労働者にとって問題とされたことはありません。むしろ、日雇いが悪いという一方的な決めつけによって、労働組合の労働者供給事業が抑圧されたことがあるのです。

新運転は一九六〇年以来、労働者供給事業を行ってきましたが、一九六七年にタクシー業界が運輸省に日雇い運転手の供給禁止を陳情し、翌年運輸省が旅客自動車運送事業運輸規則の改正により日雇い運転手の使用を禁止したため、反対運動を繰り広げたことがあります。当時、国会で社会党の議員は「日雇いのどこが悪いのか。そもそも運輸省が雇用関係を規制するのはおかしいではないか」と運輸行政を責めていました。結局、貨物運送については日雇い禁止を適用しないこととされ、同労組はそちらに活路を見出していきます。しかし、日雇いが悪いという単純な発想で政策を立案することがもたらす問題点が広く認識されたとは言いがたいようです。

なお、上記法案は日雇い派遣事業の原則禁止を定めていますが、政府は一方で物流やイベント設営などこれまで日雇い派遣事業を活用してきた分野には日雇い職業紹介事業で対応するという意向を示しています。これは、法的構成を抜きにしていえば、日雇い派遣事業に派遣先の使用者責任とマージン規制を導入してそのまま認めることと社会的実態としてはほとんど同じです。■

3　日本の派遣労働法制の問題点

「派遣切り」の衝撃

二〇〇八年にアメリカのサブプライムローンの破綻から始まった世界的な金融危機の影響で、その年の後半から急激に景気が後退し、その中で多くの派遣労働者や有期労働者が解雇されたり雇い止めされて路頭に迷うという事態が進行しました。年末年始にはそうした「派遣切り」された人々のために日比谷公園に派遣村が設置され、押し寄せる人波に追いつかず、ついに厚生労働省の講堂を開放するに至りました。

このような派遣労働者の姿がマスコミを通じて鮮烈に報道されたことも影響したのでしょうか、二〇〇九年初頭には舛添要一厚生労働大臣を含め、野党の政治家からも製造業派遣の禁止論が打ち上げられました。製造業の大規模工場では雇用調整の規模も大きいため、派遣切りや有期切りの規模が目立つのは確かですが、だからといって製造業だけ労働者派遣事業を禁止するという政策にどういう法政策的な意味があるのか理解しがたいところがあります。

日本の労働者派遣法がその制定以来、特定の業務にのみ派遣事業を認める業務限定方式を中心においてきたことから、あまり疑念もなく打ち出された面もあるでしょうが、この業務限定という考え方自体に大きな問題が潜んでいるのです。それを説明するために、まずはいったん、二〇〇八年一一月に成立したＥＵの派遣労働指令の内容を見ていきましょう。

ＥＵの派遣労働指令

ＥＵの指令は性別、人種・民族、思想・信条、年齢、障害、性的指向に基づく差別を禁止するだけでなく、すでにパート労働者とフルタイム労働者、有期労働者と無期労働者との均等待遇を定めています。今回、これに派遣労働者と派遣先労働者の均等待遇が加わりました。派遣先は、直接雇用労働者よりも安いからという理由で派遣労働者を利用することはできません。派遣元のマージンを考えれば高くつくはずです。それでも利用するのは、必要なときにすぐに調達できて、必要な間だけ利用できるからでしょう。それ自体は必ずしも悪いことではありません。

もっとも、派遣労働指令にはいくつかの適用除外が認められています。まず、賃金については、常用型は例外となります。非派遣時の賃金支払いに充てるために派遣時の賃金水準を低くしておくことは合理的だからです。ドイツはもともと登録型を禁止し、常用型のみを認めていましたが、二〇〇三年のハルツ改革によって均等待遇を条件に登録型を認めました。

また、一般的に労働協約によって例外を設けることができます。ヨーロッパでは日本と異なり、産業レベルや全国レベルの労働組合と使用者団体が団体交渉をし、労働協約を締結するのが普通で、その地位は極めて高いのです。この労使自治の精神を派遣労働にも適用しているわけです。

もう一つの柱が派遣事業の制限・禁止の撤廃です。認められる制限・禁止は、派遣労働者の保護、安全衛生要件、労働市場の適切な機能、濫用の防止といった理由によるものだけです。具体的には危険有害業務への派遣の禁止や利用理由の制限などです。業種による制限はもともとあまりなかったのですが、最近ではほとんど撤廃されています。ドイツでも二〇〇四年まで建設業への派遣は禁止されていましたが、現在は労働協約の適用を条件に認められました。日本の議論で当然と見なされている業務限定は、ＥＵでは違法なのです。

業務限定の問題点

日本では派遣労働の規制は業務限定で行うのが当然という意識がありますが、これにはいくつもの問題があります。

まず派遣法制定(一九八五年)の経緯をたどると、政府は当初常用型に限定して(特に業務を限定せず)派遣事業を認めようとしていました(旧ドイツ型)。これは、派遣労働者の雇用保護という観点を中心において派遣規制のあり方を打ち出したもので、趣旨として一貫したものでした。しかし、当時現実に事務処理請負業と称して派遣事業を行っていた企業の大部分がいわゆる登録型であったため、この方針は放棄されてしまいました。

これに代わって打ち出されたのは、労働者派遣事業の対象業務を限定するという国際的に見て極めて特異なやり方でした。労働者派遣事業を認めても弊害の少ない業務についてのみ派遣を認めるのだという考え方です。一九八五年の労働者派遣法は、この考え方を中核として構築されています。この根底にあるのは、労働者派遣法を派遣労働者の保護を中心に考えるのではなく、派遣労働者によってクラウディングアウトされてしまうおそれのある常用労働者の保護を中心に考えようとする発想でした。その背景には、この一九八〇年代半ばという時期が日本の労働政策において企業主義的な考え方が最高潮に達した時期であったという事実があります。すなわち、一九七〇年代の石油ショックに対する対応を契機として、日本的雇用慣行を高く評価し、できるだけそれを維持促進しようとする法政策が全面化していた時期です。

そこで、労働者派遣法においても「労働者の職業生活の全期間にわたるその能力の有効な発揮及びその雇用の安定に資すると認められる雇用慣行を考慮する」（第二五条）ことが求められるとともに、そのような雇用慣行に影響を及ぼさないような業務、具体的には専門的な知識経験を要する業務と特別の雇用管理が行われている業務に限って労働者派遣事業を認めるという理屈が構築されました。専門的な知識経験を要する業務であれば、日本的雇用慣行に縛られず個人の専門能力によって労働市場を泳ぎ渡っていけるでしょうし、そもそも日本的雇用慣行の外側の外部労働市場にいるような人々は派遣就労でもかまわないということでしょう。しかしながらそれを「業務」という切り口で制度設計することにはかなり無理がありました。日本のように個々人の職務が不明確で、会社の命ずることがすなわち職務であるようなあり方が一般的な社会において、個々の作業を「業務」で切り分けてこちらは認めてこちらは禁止というのは、そもそも職場の現実からはかなり無理のある仕組みであったように思われます。

「ファイリング」の無理

その無理が特に露呈していたのが「ファイリング」なる専門業務です。当時の産業分類にも職業分類にも、ファイリング業務なるものは見当たりませんし、当時の事務系職場において、ファイリング業務が専門的な知識経験を要する業務として特定の専門職員によって遂行されていたという実態もありませんでした。率直にいえば、すでに事務処理請負業として行われていた労働者派遣事業のかなりの部分が、当時オフィスレディといわれていた事務系職場の女性労働者の行う「一般事務」であったにもかかわらず、それでは上記の対象業務限定の理屈づけに合致しないので、現実社会に存在しない「ファイリング」なる独立の業務を法令上創出したのだと理解するのが、もっとも事実に即しているように思われます。

派遣法制定に尽力したマン・フライデー社長の竹内義信氏はその近著『派遣前夜』の中で、ファイリング業務について「図書館のファイリングシステムを例に出し、縦横斜めから求める本を探し出すためのシステムを構築するのは大変な能力を必要とするし、これは会社に於けるファイリングシステムも同じだと説いた」結果、対象業務に追加され、「法律が制定された後、このファイリングが思わぬ方向に展開した。幅広く捉えられ、このことによって派遣事業の発展に大きく寄与する結果になった」と回想しています。

もっとも、男女差別の横行する当時の日本では、彼女らは日本的雇用慣行の外側の存在であり、ＯＬが派遣になっても男性正社員に常用代替の恐れはないということであったのかも知れません。しかも、ＯＬ代替の事務派遣労働者はＯＬ並みの処遇を受けていました。上記竹内著は、「話が賃金のことに及ぶとその支給額の高さに「ホー」という声が漏れたのを覚えている。

一般事務の賃金が、アルバイトの二・五倍であり、正社員雇用で働いている一般の事務員の給料と比較してもやや高いものであった」と自慢げに語っています。派遣の古き良き時代といえますが、それは専門職ゆえではなく、男女別雇用管理のゆえであったのです。

この「無理」はその後、事務系職場でＯＡ機器が一般的に使われるようになって徐々に解消していきました。派遣法制定当時には「事務用機器操作」はかなり専門職的色彩が強かったのですが、次第にワープロや表計算、プレゼンテーションなどのコンピュータソフトを使いこなすことが一般事務の基本スキルとなっていったからです。こうして、かつては「ファイリング」という架空の専門職を称していたものが、今では実際に行っている「事務用機器操作」を名乗って派遣されるようになりました。ただし、制定時と同様にそれが「専門職」の名に値する業務であるかどうかは別の話です。

製造業派遣禁止論の無理

その後、派遣事業などの労働市場サービスを正面から認めるとともに、派遣労働者保護を打ち出した一九九七年のＩＬＯ一八一号条約を受けて、一九九九年に派遣法が改正され、それまでの業務限定(ポジティブリスト方式)が原則自由(ネガティブリスト方式)に移行しました。これによって、ようやく日本の異様な労働者派遣法は他の先進国並みのまともな法律になる機会を得たのですが、残念ながらそれはきわめて不徹底に終わりました。このとき、製造業は禁止業務（ネガティブリスト）に入れる理由が存在しないので、暫定的に附則で除外したに過ぎません。二〇〇三年に製造業が対象に含められたのはその帰結です。その間、製造業派遣がストップされていたことは、新たに製造業派遣を禁止する法制上の理由にはなりません。

たまたま不況の影響が現在、製造業に集中的に現れているからといって、脊髄反射的に製造業派遣禁止を唱えるのは近視眼的というべきでしょう。これから非製造業にもじわじわと「派遣切り」が拡大していくことが予想される中で、そちらの派遣労働は製造業ほど悪くないから認めるというのか、その理由は何か、合理的な理由は見出せません。

もっとも、労働者の技能向上という観点からは、特に若年非正規労働者を積極的に「正社員化」すべきという議論にもそれなりの意味はあります。派遣労働にせよ、有期雇用にせよ、彼らが正社員としての企業内教育訓練機会から排除されていることにマクロ社会的観点からの大きな問題があるからです。これは、次章で述べる教育訓練システムの問題と関わりがありますが、欧米と異なり、労働者の教育訓練が主として企業内で行われる日本では、その企業内教育訓練から排除されることは、職業キャリアの主流から排除されることに等しいのです。

この問題に対しては、中長期的には職業指向型の教育システムをどう構築していくかというアプローチが必要ですが、現実の日本社会を前提にする限り、雇用契約の如何にこだわるよりも、それを「正社員」と呼ぶか否かは別にして、若年非正規労働者を企業内教育訓練システムの中に組み込んでいくための方策を考えることが重要でしょう。この「正社員化」には例えば常用型派遣労働者への移行もありますが、より望ましいのは下請で事業を行う関連会社や協力会社の正社員という形で採用されることです。上述（七六頁参照）の再構成された労働力需給システムの類型でいえば、①、②、③のパターンを積極的に進めることが当面の対策として現実的であるように思われます。

なお、製造業には危険有害業務が多く、これはそれら特定業務への派遣禁止の根拠になり得るはずですが、これまでそのような政策思想はとられてきませんでした。本来であれば、一九九九年ないし遅くとも二〇〇三年に危険有害業務の適用除外という新たなネガティブリストを考えておくべきであったと思われます。ＥＵでは、すでに一九九一年の有期・派遣安全衛生指令により、直接雇用有期労働者と派遣労働者共通に、危険有害業務への利用禁止、退職後の健康診断義務などを定めています。

4　偽装有期労働にこそ問題がある

登録型派遣事業禁止論の本質

かねてから労働界に根強いのが登録型派遣事業禁止論です。これはかつてのドイツの仕組みであるとともに、日本政府が当初検討した案でもあり、それ自体としては筋の通った議論ではあります。ただ、すでにドイツも捨てた過去の制度に固執するには、それなりの理由が必要でしょう。

あたかも登録型派遣事業を禁止すれば労働者はすべて常用雇用になるかのような議論も存在しますが、いうまでもなく日本の労働法制は有期雇用契約をほとんど規制していませんから、「派遣切り」が「有期切り」に姿を変えるだけです。判例法理でも、有期契約を単に反復更新しただけでは無期契約と同等と見なされるわけではありません。むしろ、有期労働者の雇止めがほとんど規制なしに行えるのが日本の現状です。

そもそも、市場経済においては労働力需要が増大したり減少したりすることはごく普通のことです。その増減に対応して臨時的に労働者を活用したりそれを停止したりすることも、本来的に禁止されるべきことではありません。世界中どこでも、一時的臨時的雇用を禁止している国はありません。問題があるのは、本来労働力需要自体は恒常的に存在するのに、つまり無期契約で雇用することが自然であるにもかかわらず、解雇規制をすり抜ける目的でわざと有期契約にしておき、必要のある限り更新に次ぐ更新を重ねておいて、いざというときにはその期間満了を装って実質的に解雇しようとすることなのです。

登録型派遣事業禁止論の趣旨はそれが不安定な雇用形態だというところにありますが、それだけであればそれは有期雇用契約と変わりありません。有期契約も同様に禁止するというのであれば趣旨は一貫しますが、おそらくそこまで主張しようという人はいないでしょう。では、有期雇用をどのように規制するべきなのか、それこそが登録型派遣事業の是非を論ずる上で大前提となるべき問題のはずです。

ＥＵの有期労働指令

ＥＵの有期労働指令は、無期労働者との均等待遇と併せて、有期契約の濫用防止措置を義務づけています。本来臨時短期的でない業務に有期契約を用いることで解雇規制を潜脱することを防止するため、有期契約の更新に正当な理由、一定期間の上限、一定回数の上限を定めることしているのです。

これを受けて、EU諸国では国内法で具体的な更新の上限を設定しています。例えば、イギリスでは更新時に正当な理由がなければ有期契約四年で無期契約に移行します。スウェーデンは三年です。オランダは三年または更新二回までとされています。こういった出口規制のみの国が半分くらいあります。

これに対し、残りの半数近くの国では、有期雇用契約の締結自体に正当な理由を求めるという形で入口規制も行っています。例えば、ドイツでは有期契約の締結に原則として正当な理由が必要です。ただし、五八歳以上の高齢者は理由なく有期契約とすることができます。また、新規採用の場合は正当な理由なく二年まで(その間に三回まで更新可能)の有期契約を締結できます。新設企業の場合はこれが四年まで緩和されました。フランスでも、有期契約には正当な理由が必要ですが、その理由によって上限が九カ月から二四カ月まで設定されています。

重要なのは、いずれの国においても、これらの制限に違反すれば無期契約と見なされるということです。つまり、有期契約の期間満了だから雇用が自動的に終了するということにはならず、雇止めは解雇と見なされます。もっとも、EUの多くの国では解雇紛争は最終的には金銭補償によって解決することが多いので、使用者にとってはコストの問題ということもできます。

この点が、裁判上解雇の金銭解決を否定している日本の判例法理とずれのあるところです。

有期労働契約をどう規制すべきか

二〇〇七年一一月に成立した労働契約法は、有期契約については期間途中の解雇の禁止と、「必要以上に短い期間を定めることにより、その労働契約を反復して更新することのないよう配慮しなければならない」といういささか法的効果の不明な規定を設けているだけです。これは労働政策審議会における労使のやり取りの結果ですが、この問題が審議されていた労働政策審議会においては、二〇〇六年前半に事務局からいくつか興味深い考え方が示されていました。例えば、有期契約が更新されながら一定期間（または一定回数）を超えて継続している場合には労働者の請求により次の更新の際、期間の定めなき契約となるという案や、一定期間（一年）または一定回数（三回）を超えて継続している場合には労働者の請求により使用者が期間の定めなき契約の優先的応募機会を付与しなければならないといった案が提示されていたのです。

有期契約の無期契約への転化は現在の判例理論では否定されているので、やるなら立法によるしかないのですが、戦前の判例や行政解釈では正面から認められていたことも念頭におく必要がありましょう。例えば、戸畑鋳物木津川工場事件（大阪地裁一九三六年九月一七日）では、採用時には臨時工であっても雇用期間中に実質的に本工に転化したとして解雇手当の支給を命じていますし、内務省社会局の通達(一九三三年一一月一日発労第一一〇号)もその考え方に立っていました。この考え方は現行労働基準法第二一条但書(解雇予告の除外の例外)にも流れ込んでいますし、戦後もある時期までの通達は有期契約の更新によって実質的に無期契約と取り扱うという立場でした(一九四九年九月二一日基収第二七五一号など)。

ところが、戦後正社員の解雇に対する救済がもっぱら解雇権濫用法理による解雇無効を前提とする原職復帰という形で進められたため、有期労働者はそこからこぼれ落ちることになってしまいました。民法の契約理論を厳格に考える限り、有期労働者の雇止めに解雇に当たる行為はありません。じっとしていれば自然に期間が満了して切れてしまうのですから、解雇無効で救うことはそもそも不可能です。そこをあえて「期間の定めのない契約と実質的に異ならない状態」であるから解雇権濫用法理を類推適用するという、いささか無理のあるロジックで救済しようとしたのが有名な東芝柳町工場最高裁判決(一九七四年七月二二日)ですが、多くの有期契約はこれに当てはまらず、日立メディコ事件判決に見られるように、雇用継続の期待があって解雇権濫用の類推が可能であっても、その権利は正社員には劣後するので、結局雇止めは有効とされることが多く、全く救われないということになってしまいます。

この隘路を突破するためには、当該雇用契約が純粋に私法上の契約として期間の定めがあるのかないのかという民法学的論点からいったん離れ、一定の労働法上の制度の適用において、一定の要件を充たす有期契約を期間の定めなき契約と見なすという制度を導入することを考えるべきではないでしょうか。実際、戦前一九三六年に制定された退職積立金及退職手当法では、期間満了であっても自然退職となる場合を除き解雇と見なして特別手当(解雇手当)を支給することとされていました。同法自体、臨時工問題を主たる問題意識として立法されたものです。

これと同様、一定期間を超えた有期契約の雇止めという事態に対して、勤続期間に応じた一定率の金銭の支払い義務といった法的効果を与える法制度を作ってしまう方が、曖昧模糊とした判例法理に依存し続けるよりもはるかに有期労働者の救済に資するのではないでしょうか。実は、二〇〇四年の経営法曹会議労働契約法制研究プロジェクトチーム報告書も「有期労働契約の期間満了による雇止めに関する紛争についても、金銭解決制度の導入を検討すべき」と述べているのです。経営側が導入せよといっているのですから、障害はないはずです。

5　均衡処遇がつくる本当の多様就業社会

均衡処遇の必要性

ＥＵにおける非正規労働規制の焦点は均等待遇原則にあります。パートタイムであれフルタイムであれ、有期契約であれ無期契約であれ、そして派遣労働者であれ派遣先労働者であれ、同じ職場で同じ仕事をする労働者は、賃金および労働時間という基本的労働条件について差別されることなく働くことができるのです。こういった法政策のベースにあるのは、男女平等を先頭にして発展してきた均等待遇原則です。その中核に位置するのが同一労働同一賃金原則であることはよく知られています。

これに対し、日本では同一労働同一賃金原則が成立しておらず、男女均等政策は企業内で女性労働者を男性労働者と平等に終身雇用慣行の中に組み込んでいく雇用管理政策という形をとりました。これはいわば「コースの平等」といえます。企業側は当初これに実質的に男女別である「コース別雇用管理」で対応しましたが、その後、雇用形態別雇用管理に移行しました。このため、二〇〇七年の改正パート法で差別禁止が規定されたのも正社員と同じ職業キャリアに乗ったパート労働者（職務内容が同一であることに加えて、雇用契約に期間の定めがなく、「雇用終了までの全期間において、その職務の内容及び配置が当該通常の労働者の職務の内容及び配置の変更を同一の範囲で変更されると見込まれる」という要件が必要）のみで、他のパート労働者は賃金についての均衡処遇の努力義務という扱いになっています。

一方、労働契約法では国会修正により、「労働契約は、労働者及び使用者が、就業の実態に応じて、均衡を考慮しつつ締結し、または変更すべきものとする」（第三条第二項）という極めて曖昧な形ながら、均衡考慮規定が設けられました。いずれにせよ、直接雇用関係にある限り、雇用形態は違っても均衡処遇が使用者の考慮義務として一応、実定法上の概念となっているといえます。

これに対して政府の派遣法改正案のもとになった「今後の労働者派遣制度の在り方に関する研究会報告」は、企業の内部労働市場で決定される派遣先の正社員と、一時的・臨時的に派遣先で就業する派遣労働者を比較することは困難だとして、均等待遇だけでなく均衡処遇も否定しています。同報告はその代わりに派遣元に派遣労働者の待遇改善の努力義務を課すべきだとしました。ここにはいささか議論の混乱があるように思われます。賃金決定の実質的基準が内部労働市場か外部労働市場かという経済論でいえば、上記正社員と同じコースに乗ったパート労働者以外のパート労働者や有期労働者も、派遣労働者と同様その労働条件は外部労働市場で決定される方にはいるはずです。一方、賃金を決定すべき立場にある使用者が形式上誰かという法律論でいえば、一般パート労働者や有期労働者と派遣労働者の間には深い溝がありますが、その点はEU諸国の派遣法制でも全く同様です。

むしろ、大きな問題は一般パート労働者や有期労働者と共通の問題でしょう。すなわち、学卒採用から定年までという職業キャリアに乗っている常用労働者と、一時的・臨時的に外部労働市場から調達される労働者の間に、均等待遇を論じ得るような共通の物差しがあり得るのかという点にこそ、真の焦点があるはずです。そして、それゆえに、一般パート労働者や有期労働者については「均衡」という言葉は使っても、「均等」という言葉は使われていないのです。

その意味で、現行法の下においても派遣労働者に派遣先労働者との「均衡」を論ずる余地は十分にあります。しかし、「均衡」とは具体的にどういうことを指すのでしょうか。

職能資格制度における「均衡処遇」

この問題の根源は、日本型雇用システムにおいては同一労働同一賃金原則が成立していないことにあります。もちろん欧州においても、何を同一労働と考え、何を異なる労働と考えるか自体、労使間の交渉で決定されてきたわけですし、特に若年層については勤続期間に応じた年功的賃金制度が適用されていることが多いのですが、それも含めて当該職種の技能水準に応じた賃金決定がされているという建前が社会的規範として成立しています。それに対し、日本の典型的な年功賃金制度においては職務内容と賃金水準は切り離されていますから、「同一労働」は同一賃金の根拠とはなり得ません。あえていえば、同一年功であれば同一賃金とせよという規範は成り立ちうるかも知れません。後述のように、これは均衡処遇の一つの手がかりになり得ると思われます。

しかしながら、現実の日本の賃金制度は決して純粋の年功賃金制度ではありません。高度成長期以来多くの企業に普及した職能資格制度においては、職務遂行能力の査定に基づいて格づけを行い、これに基づいて賃金を決定するようになっています。この査定は、業績だけでなく潜在能力から意欲や態度までを対象とする主観的なものですが、少なくとも非正規労働者であるがゆえにその対象になり得ないものとはいえないでしょう。

実は、改正パート法において、正社員と同じ職業キャリアに乗っていない一般パート労働者についての「均衡処遇」の内容は、「職務の内容、職務の成果、意欲、能力または経験を勘案し、その賃金を決定する」努力義務とされており、まさに日本型雇用システムにおける職務遂行能力に基づく処遇を要求しているのです。さらに、そのうち一定期間職務内容や人事異動が同様である者については、「通常の労働者と同一の方法により賃金を決定する」ことが努力義務として求められています。

こういった法規範を、労働時間が短い直接雇用労働者に限定しなければならない理由は存在しません。単に、これまで非正規労働者としてはパート労働者が圧倒的に多く、その処遇が立法政策上の課題として取り上げられてきたという経緯に基づくものに過ぎません。むしろ、今日フルタイムの有期契約労働者や派遣労働者の処遇が大きな社会問題となってきていることを考えれば、彼らにも適用を及ぼしていくことは当然であるように思われます。

期間比例原則の可能性

しかしながら、いうまでもなく職能資格制度を採用するかどうかは企業の自由であり、しかも制度の性質上、その運用における企業側の裁量の余地は極めて大きいものです。均衡処遇原則が賃金制度の壁を越えてすべての非正規労働者に適用されるようにするためには、パート法の議論で構築されてきた職能資格制度に立脚した均衡処遇のあり方とは別の形で、均衡ないし均等の物差しを考える必要があるように思われます。それは、職務給や職能給といった理念としての賃金制度に対応して構成するよりも、実態として年功的な処遇制度の運用に即したものとする方が現実的でしょう。

その際、参考になるのがEUの有期労働指令が採用している「期間比例原則」(プロ・ラータ・テンポリス)です。上述のように、欧州の賃金制度は基本的に職種と技能水準で決められていますが、採用から一定期間は勤続期間に比例した年功的昇給が行われることが少なくありません。実際にもある時期までは技能水準と勤続期間には一定の相関関係があるのが普通でしょう。また、さまざまな福利厚生についても一定の勤続期間を要求することが見られます。こういったことについて、有期労働者であっても勤続期間に比例した待遇を義務づけているのが期間比例原則です。

この考え方は、ベースが年功賃金制度であり、職能資格制度も年功的に運用されることが多い日本においても、十分適用することができると思われます。いわば、正社員について制度上想定しうる最低レベルの処遇を非正規労働者に確保しようという発想です。具体的には、非正規労働者が就労を開始したときの水準は正社員の初任給を下回らないものとし、その後は定期昇給の最低ラインを下回らないものとするという形になるでしょう。

なお、これはいかなる意味でも、純粋年功賃金制度を企業に強制しようという趣旨ではありません。正社員と非正規労働者の間で均衡なり均等を論ずるための物差しとなり得るような賃金制度を導入している企業は、その制度の趣旨に従って均衡なり均等を図ればよいのです。そのような物差しが全く存在しないことを均衡処遇しないことの言い訳として認めるのでは、企業間の不公平が生じることになります。

これにより、非正規労働者の賃金水準は正社員と隔絶した低賃金ではなく、その勤続期間の短い層と同程度の水準に位置することになります。しかしながら、正社員の高賃金の最大の原因は、それが長期雇用の中で年功的に上昇していくことにありますから、その意味では社会的格差が解消されるというわけにはいきません。この問題に取り組むためには、さらに視野を広げて、賃金と社会保障のあり方について考えていく必要があります。

賃金制度改革の社会的条件

最近、非正規労働者の低賃金問題を解決するためには賃金制度改革が不可欠であるという主張が盛んにされるようになりました。正社員と非正規労働者の間に均等を論じ得るような共通の物差しがないことが、非正規労働者の生活できないような低賃金の原因となっているという認識に基づき、日本にも職務給制度を導入し、同一労働同一賃金原則を確立していくことが必要であるという考え方です。興味深いことは、「労働ビッグバン」という名の下に労働規制緩和を主張する八代尚宏氏と『労働、社会保障政策の転換を』（岩波ブックレット）を共同執筆した、木下武男氏や遠藤公嗣氏ら労働者の権利擁護を重視する論者とが、共通して賃金制度改革を改革の軸と考えている点です。

とはいえ、賃金制度はその社会における働き方の基本構造を形作るものですから、そう簡単に変えることができるものではありません。特に日本の年功賃金制度の場合、それが中高年期の家族の生計費も含めて保障する生活給であるという側面と、若年期にその働きに見合う分以下の賃金しか受け取らない代わりに中高年期にその働き以上の賃金を受け取ることで長期的な決済のバランスを取る一種の企業内再分配的な貯蓄であるという側面がありますから、直ちに職務給に変えるなどということは少なくとも短期的には事実上不可能です。

短期的に事実上不可能なことを前提条件にして均等待遇や均衡処遇を語ることは、結果的には当面均等待遇や均衡処遇を実施しないことの言い訳になってしまいます。本節で「期間比例原則」のような現行の賃金制度を前提にした改革の道を探ったのは、賃金制度の変更を前提としない短期であっても実施可能な政策を提起すべきだと考えたからです。

しかし、もちろん中長期的には賃金制度改革が議題に挙げられなければなりません。その際、それが中長期的に実現可能であるために整備されるべき社会的条件は何であるのかを検討する必要があります。それ抜きには、いかに中長期でも賃金制度改革は不可能でしょう。

まず、第1章で考察した正社員、とりわけ男性正社員の過重責任の緩和が必要です。残業や配転を自由に命じることができる正社員の拘束性の高さが、そういった拘束性の少ない非正規労働者との待遇格差を正当化してきた最大の理由であることを考えると、そのような拘束性のより少ない今までの女性正社員の働き方を男女共通のデフォルトルールとし、本人が希望してそこから個別にオプトアウトするという仕組みに転換することは、そのような新たな正社員と非正規労働者との間の格差を今までのように正当化することができなくなるということを意味するはずです。

次に第3章では、年功賃金制度の生活給としての側面に着目し、それが担ってきた生活保障機能を公的な仕組みで負担していかなければならないことを論じます。とりわけ、教育費や住宅費を支える仕組みが確立しなければ、家族を抱える中高年の正社員たちは絶対に年功賃金を手放そうとはしないでしょう。これらは、まずは失業者や低賃金の非正規労働者に対する社会手当として創設し、時間をかけて正社員層にも広げていく中で、徐々に負担構造のシフトを進めていかなければなりません。まさに賃金制度と社会保障制度総体を基本構造から改革する長期的課題です。

さらに第4章では、賃金制度を企業の中で具体的に改革していくための集団的な合意形成システムのあり方を論じます。賃金制度改革とは中高年正社員の既得権を奪うことでもあります。若者と中高年の間で、正社員と非正規労働者の間で賃金原資の再分配を実行していくためには、その両者をカバーする利益代表システムの確立が不可欠です。今日、その基盤となり得る社会的存在は企業別組合をおいてほかにはありません。企業別組合をベースにしていかなる包括的な集団的労使関係システムを実現することが可能なのか、この問題を論ずることなくして賃金制度改革の議論は完結しないでしょう。

■コラム■　職能資格制度と男女賃金差別

差別禁止や均等待遇に関わる問題は、いうまでもなく男女差別をめぐって発展してきました。同一労働同一賃金原則の存在しない日本では、男女平等政策が「コースの平等」という形で展開してきたことは前述したとおりですが、そのため逆に労働基準法第四条に明記されている男女同一賃金原則は、男女別に賃金表を作成しているなどの極めて例外的な場合でなければそのまま適用できません。

もともと労働基準法制定の際、本条は当初、「同一価値労働同一賃金原則」として提示されたのですが、労務法制審議会において労働側の西尾末広氏が「生活給の考え方と男女同一価値労働同一賃金という観念の間には矛盾がある」と指摘し、その結果女性であることを理由として賃金を低くしてはならないという「男女同一賃金」規定に落ち着いた経緯があります。

政府が職務給への移行を唱道していた一九六七年には、ＩＬＯの「同一価値労働についての男女労働者に対する同一報酬に関する条約」(第一〇〇号)を批准しました。これは事実上、解釈による立法改正といえるでしょう。実際、そのときの国会答弁では、年功賃金体系から同一労働同一賃金に変えていくことで条約の趣旨が実現するという見通しを語っていました。ところが、その後職務遂行能力によって労働者を序列化する職能資格制度が普及する中で、男女賃金差別は証明することの極めて困難な概念になっていきます。

完全な年功賃金制度の下では、同一勤続年数である限り男女間に差別は生じません。格差は勤続年数における格差から発生します。一方、完全な職務給の下では、同一職務である限り男女間に差別は生じません。格差は男女職務分離から生じます。職務給に業績評価を組み合わせた場合、その評価から男女間に格差が発生しえます。しかし、それが与えられた職務に対応した客観的な「業績」評価である限り、評価の合理性を客観的な基準に従って判断することは可能なはずです。これに対し、職能資格制度の下においては、「職務遂行能力」の評価という制度の中心部分が、性格や意欲といった極めて主観的な判断要素に依拠していることから、評価の合理性を客観的に判断することは困難となります。

日本における男女賃金格差をめぐる問題の難しさは、結局、この主観的な「職務遂行能力」の判断の中に男女格差を生み出す要因があるにもかかわらず、それをそれとして取り出すことが、性格上極めて難しいという点にあります。そのため、それを立証しようとすると、制度の年功的運用を前提とした大量観察方式を用いざるを得ません。これは、いわば、職能資格制度は建前であって本音は年功賃金制度であるのだから、その年齢基準でみて格差が生じていれば差別であるという論理です。確かに日本企業の職能資格制度は多くの場合、年功的に運用されてきましたから、これはそれなりに有用な方式ということができます。

しかしながら、年功的運用をやめて、もっぱら主観的な「職務遂行能力」の査定によって格づけをするような場合は、それが合理的であるか否かを判断する基準自体が客観的に存在しないことになります。例えば、「性格」「意欲」といった主観的評価要素で判断した結果、男性と女性の間に格差が生じた場合、これを法的にどう考えるのかといった問題は、必ずしも明らかではないのです。■

第3章　賃金と社会保障のベストミックス――働くことが得になる社会へ

1　ワーキングプアの「発見」

ワーキングプアの発見

二〇〇六年はマスコミや政治家が一斉に格差社会を問題にした年でした。皮切りは二〇〇五年一二月末に毎日新聞で始まった連載記事「縦並び社会」で、「視点：格差社会考」と題する論説記事と併せてこの問題をリードしました。世間へのインパクトという点で大きかったのは、ＮＨＫが二〇〇六年七月に放映した「ワーキングプア――働いても働いても豊かになれない」でしょう。政府側でも、労働経済白書が所得格差の問題を取り上げ、特に若者における非正規雇用の増大が将来的な格差拡大につながっていきかねないことに警鐘を鳴らしました。国外からも、ＯＥＣＤの対日審査報告書が所得不平等と貧困の問題に一節を割きました。

それまでの一〇年余りの間、構造改革路線に対する熱狂が国民の間で高まっていき、二〇〇五年のいわゆる小泉郵政選挙で頂点に達したわけですが、その勢いが醒めていくとともに、今まで「見れども見えず」の状態であった格差や貧困の拡大が、にわかに政治的課題としてクローズアップされてきたといえましょう。その際には、構造改革・規制緩和路線が諸悪の根源であるかのような議論もされました。

しかし、一九九〇年代に遡れば、今日の構造改革路線を進めてきたのは細川内閣、村山内閣、橋本内閣と、かつての革新勢力がなんらかの形で関わった政権でした。例えば、一九九三年の平岩レポート(細川内閣)は「経済的規制は原則自由・例外規制、社会的規制も不断に見直す」と述べていましたし、一九九五年の「構造改革のための経済社会計画」(村山内閣)は「自己責任の下、自由な個人・企業の創造力が十分に発揮できるようにすること」「市場メカニズムが十分働くよう、規制緩和を進めること」を唱道していました。これらを受け継いで橋本内閣はいわゆる六大改革を進め、それがいったん挫折したあとで再び大衆的熱狂とともに増幅させたのが小泉内閣であったのです。

九〇年代から二〇〇〇年代にかけてのさまざまな改革は、それまでの日本社会のあり方がそのままでは持続可能ではないという認識に基づいていました。そのこと自体は一定の根拠のある判断であったと思われます。問題は、社会システムはそのさまざまな要素がお互いに支え合って成り立っており、一見不合理に見えるある要素を不用意に取り除くことが他の部分に好ましくない影響を与えることがあり得るという認識のないまま、ややもするとただひたすらに「悪しき規制を退治せよ」といった勧善懲悪的な演出の下で改革が推し進められた点にあるように思われます。

それゆえ、改革への熱狂が社会全体を覆っている時期には、改革の副作用が深刻な形で噴出していても、それに言及すること自体が改革への熱意を引き下げるのではないかといった配慮から、その問題は意識的に黙殺され、逆に改革への熱狂が醒めてくると、副作用ゆえに改革を全否定する議論が噴出するという事態が起こるのでしょう。そこに欠落していたのは、社会システム総体の様子を見ながら、副作用が最低限に収まるように、漸進的に改革を進めていこうという冷静な感覚だったのではないでしょうか。この問題は、まともに議論すると知識社会学の大テーマになりますので、ここではこれだけにとどめておきますが、労働の分野についていえば、冒頭に述べたワーキングプアの「発見」が法政策の転換点となりました。

プアでなかった非正規労働者像

それにしても、二〇〇六年に突如としてワーキングプアが発見されたというのは、いかにも奇妙なことに思えます。なぜそういうことになったのか、そこにはいくつかの要因がからんでいます。

まず何よりも大きな要因としては、高度成長期以来の日本社会において、非正規労働者とは主として家事に従事しながら家計補助的に働く主婦労働力としてのパートタイマーと、主として学校に通って勉強しながら小遣い稼ぎ的に就労する学生労働力としてのアルバイトが二大勢力であって、貧困というイメージとは結びつきにくかったことが挙げられます。彼らの賃金はとても一人の生活を維持することすらできないような低賃金でしたが、それは本人たちにとってもなんら問題ではありませんでした。なぜなら、彼らの夫や父親は正社員としてその妻やこども、すなわち非正規労働者として就労している家族構成員の分も含めた生計費を、賃金として得ているのが当然の前提と見なされていたからです。

このアルバイト就労が学校卒業後の時期にはみ出していったのが「フリーター」です。しかし、そのイメージもかなり長い間、貧困とは正反対の自由気ままに生きる若者というものでした。これは、フリーターという言葉自体が、一部就職情報誌業界の思惑により、バブル期の超売り手市場の中で、あえて正社員として就職することなくアルバイトで生活していくことが新たなライフスタイルであるという宣伝とともに売り出されたという経緯が大きく影響しています。そのため、フリーター問題はもっぱら若者の意識の問題として取り上げられるばかりで、それを軽佻浮薄な生き方と批判する側も含めて、社会問題としての議論はほとんど見られませんでした。

バブル崩壊後、九〇年代半ば以降の不況の中で、企業は新卒採用を急激に絞り込み、多くの若者が就職できないままフリーターとして労働市場にさまよい出るという事態が進行しました。地域によっては、高卒正社員の就職の機会がほとんど失われてしまったところすらあります。フリーター化は、彼らにとっては他に選択肢のないやむを得ない進路であったのです。ところが、彼らを見る社会の目は依然としてバブル期の「夢見るフリーター」像のままで、フリーター対策も精神論が優勢でした。この認識構図が変わったのは、ほんのここ数年に過ぎません。

一方、家計補助的主婦労働力として特段社会問題視されなかったパートタイマーが労働問題の土俵に乗ってきたのは、一つには男女平等の観点から、家事育児責任を主に負っている女性が家庭と両立できる働き方としてパートタイムを選択せざるを得ないにもかかわらず、そのことを理由として差別的な扱いを受けることが社会的公正に反するのではないかと意識されるようになってからでした。それ自体は重要な論点であることは確かですが、そこばかりが強調されることによって、一部とはいえ現実に存在していたパートタイマーの貧困問題が視野に入らなくなってしまったという効果もあったように思われます。

高度成長期にあっても、正社員の夫を持たないがゆえに、自分とこどもたちの生活を支えるために働かねばならず、しかもこどもの世話をするために正社員としての働き方が難しいシングルマザーたちがいました。彼女らは今日のワーキングプアの先行型ということができるでしょう。しかし、彼女らは特殊例と見なされ、格差や貧困の問題が非正規労働を論ずる際の中心的論点になることは絶えてありませんでした。

いずれにしても、正社員の妻やこどもは正社員と同じ階層に属する以上、ごく最近に至るまで、非正規労働問題は若者の意識という社会心理学の課題か、夫婦間のアンペイドワーク負担の不公正というジェンダー論的課題でのみ議論され、格差や貧困といった観点から論じられることはほとんどなかったのです。

生活できない最低賃金

こうした家計補助的な非正規労働者像が日本の最低賃金政策に大きな影響を及ぼしてきました。二〇〇七年に最低賃金法が改正されるまで、日本の地域別最低賃金は生活保護の給付水準をかなり下回るような低水準で推移していたのです。これは、規模間の格差はありながら春闘相場で毎年上昇していく正社員の賃金と、家計補助的なパートやアルバイトの賃金が切り離されている日本の賃金決定の仕組みに原因があります。最低賃金が主として影響するのは後者であることから、「こんな低水準では生活できない」という引上げへのドライブがかかりにくかったことは否めません。

最低賃金がそれだけでは生活が成り立たないような低水準であったとしても、それによって決定されるのが主としてパートやアルバイトの賃金であるならば、彼らは別にそれだけで生活を成り立たせる必要はありません。正社員である夫や父親の賃金の中に彼らを扶養するのに必要な分まで含まれているという暗黙の前提のうちに、それを補完するような水準の最低賃金が決められてきたという面があります。そのため、法政策過程においてそれに疑義が呈されることもありませんでした。

セーフティネットとしての最低賃金という問題意識が前面に登場したのは、二〇〇四年から厚生労働省で開かれた最低賃金のあり方に関する研究会においてでした。これはもともと、総合規制改革会議から産業別最低賃金を廃止せよと要求されたのがきっかけです。事実上、パートやアルバイトの賃金水準を規制する地域別最低賃金と異なり、産業別最低賃金は中小企業の生計を支える基幹労働者のための公正賃金という側面がありました。つまり規制緩和に向けた議論として開始されたのですが、二〇〇五年の報告書ではむしろ、すべての労働者を不当に低い賃金から保護する安全網としての機能を強化すべきだという意見が強く打ち出され、具体的には単身者について地域最低賃金が生活保護の水準を下回らないようにすべきだと強調されたのです。

その後、労働政策審議会での紆余曲折や国会審議を経て、二〇〇七年一一月に改正最低賃金法が成立しましたが、すでに格差社会が大きな政治課題になりつつあった中で、時の安倍政権はそれに先立つ同年二月、成長力底上げ戦略という枠組みの中で最低賃金の引上げを政策目標として打ち出していました。そして、官邸に労使の参加する円卓会議を設置し、非正規労働者の賃金の底上げを図っていくことを提起したのです。

実際には最低賃金と生活保護の格差はかなり大きいものがあったため、二〇〇七年、二〇〇八年とそれまでに比べると大幅な引上げが行われたとはいえ、逆転現象は依然として解消されてはいません。ただ、特に二〇〇八年の円卓会議の合意において、生活保護との逆転解消だけでなく、小規模企業の高卒初任給との均衡をも勘案すると明記されたことは、長く社会的に確立してきた正社員向け賃金と非正規労働者向け賃金という二重基準から脱却しようという意図が窺われます。

2　生活給制度のメリットとデメリット

生活給制度はいかに形成されたか

以上からもわかるように、それだけでは生活できない非正規労働者の低賃金は、家族の生活費も含めて保障する正社員の生活給制度と裏腹の関係にあります。ここではごく簡単に生活給制度がいかに形成されたかを見ておきましょう。

戦前の賃金制度は職種別賃金から大企業を中心として勤続奨励給に移行してきましたが、生活保障の観点はありませんでした。これを初めて提唱したのは呉海軍工廠の伍堂卓雄氏で、一九二二年に、労働者の思想悪化(共産化)を防ぐため、年齢が上昇し家族を扶養するようになるにつれ賃金が上昇する仕組みが望ましいと説きました。この生活給思想が戦時期に皇国勤労観の立場から唱道され、政府が累次の法令により年齢と扶養家族数に基づく賃金制度を企業に義務づけていったのです。

敗戦によってこれら法令が廃止されると、今度は急進的な労働運動が生活給思想の唱道者となりました。一九四六年の電産型賃金体系は戦後賃金制度の原型となったものですが、年齢と扶養家族数に基づく生活保障給でした。当時、占領軍や国際労働運動が年功賃金制度を痛烈に批判していたにもかかわらず、労働側は同一労働同一賃金原則を拒否し、生活給原則を守り抜いたのです。

その後、経営側や政府は職務給への移行を唱道しましたが結局失敗し、ただ定期昇給の確立により年功の内実が年齢から勤続期間に移行していきました。一九六〇年代末には日経連が「能力主義管理」を発表して、職能給と呼ばれるヒト基準の賃金制度が定着するに至ります。これは、個別労働者の査定を伴う年功賃金制度ということができます。一九九〇年代以降、成果主義が唱道されても、ヒト基準の賃金制度という本質に変わりはありませんでした。

これが、前章の最後で見たように均等待遇原則の適用を困難にしている大きな要因です。欧州の均等待遇原則は同一労働同一賃金原則が基盤ですが、日本のヒト基準の賃金制度では、同一労働でも(年齢や勤続期間が異なれば)賃金が異なり、異なる労働でも(年齢や勤続期間が同じであれば)同一賃金になるわけですから、それをそのまま持ち込むことは困難です。それゆえに、男女平等は(ある種の)女性労働者をも男性と同じ雇用管理コースに乗せるコースの平等という形をとり、改正パート法は正社員並みのキャリアに乗っている者にのみ差別禁止を求めたわけです。

生活給制度のメリット

生活給制度がさまざまな修正を受けながらも基本的に維持されてきたのは、それが関係者にとってそれぞれにメリットのあるものであったからです。

労働者にとって、その生活の必要性に応じた賃金が得られることは、長期的な職業生活の安心を与えるものですから、それ自体としてメリットであることは間違いありません。特に、結婚してこどもができ、そのこどもたちが学校に進んで教育費がかかるようになったり、そうした家族を収容できるような住宅に住もうとすれば、それをまかなえるだけの賃金がその時期に支払われるのは望ましいことでしょう。これは、そのような生活給制度から排除された非正規労働者たちが結婚してこどもをつくることが難しくなり、そのために少子化という結果を招きつつあることからも明らかでしょう。

もっとも、これは特に高度成長期に指摘されたことですが、中高年期にその実績以上の報酬を与えるためには、若年期の報酬はその実績を下回るものにならざるを得ず、若年労働者層に不満を与えることになります。この不満をなだめるためには、これが企業との間の長期的な決済であり、中高年期に必要な賃金を引き出すために、若年期のうちは企業に預金しておくのだという認識を持たせる必要があります。つまり、新卒採用から定年退職までの長期雇用が保障されて初めて、労働者にとって生活給は確実なメリットとなるのです。

では、使用者にとって生活給制度にはどんなメリットがあるのでしょうか。戦時中や終戦直後のような厳格な生活給制度が使用者にとって望ましいものではないのは明らかです。それゆえに、日経連は高度成長期に至るまで年功賃金制度を否定し、職務給制度を唱道していたのです。しかし、労働側が反発したからというよりも、傘下企業の労務担当者たちが異議を唱え始めたために、職務給への試みは挫折してしまいました。その最大の理由は、急激な技術革新に対応して大規模な配置転換を進めようとした各企業にとって、賃金を職務で決めることは配置先によって労働者間に不公平感を生じさせ、合理化自体を困難にするものであったからです。捨て去るべきとされた年功賃金こそがかえって近代化の役に立ったというパラドックスです。そして、その延長線上に「能力主義管理」があります。

使用者側は工場のブルーカラーに至るまで査定を行い、それに基づいて昇給昇進を決定するという方向性を一貫して強化してきました。労働者の仕事への意欲や態度といった主観的な要素を重視して差を付けていく「能力主義管理」によって、労働者は仕事に全力投球することを求められ、これが長時間労働のような弊害を伴いながらも、企業の発展に大きく貢献したことは間違いありません。

もう一つ、労働関係の当事者として生活給制度から一定のメリットを享受した主体がありま す。それは政府です。同一労働同一賃金原則に基づく職務給が一般的な社会においては、労働 者が結婚してこどもができ、そのこどもが学校に進んで行くにつれて、年齢とともに上昇する 必要な生活費、教育費、住宅費などが賃金によっては十分にまかなわれませんから、それらを 社会保障の対象として現金給付なり現物給付なりの形で提供していかなければなりません。さ もなければ、普通の労働者がワーキングプアに陥ってしまいます。欧州諸国の福祉国家とは、 年金や医療といった日本と共通する社会保障制度だけではなく、育児、教育、住宅といった分 野においても社会政策的な再分配が大規模に行われる社会でもありました。

ところが、戦後日本においては、これら費用は企業が正社員に支払う生活給の形でまかなわ れてきたために、その費用を政府が負担せずに済んできました。これをメリットというのはい ささか気が引けますが、少なくとも財政当局にとっては余計な政府支出が節約できたという意 味でメリットであったことは間違いないでしょう。

生活給制度のデメリット

生活給制度のメリットは、裏返せばそのままデメリットになります。労働者にとって年齢に応じた生活費が賃金として確保されるのはありがたいことですが、それを確保するためには同一企業に勤務し続けなければなりません。それらが政府の社会政策として企業の所属に関わりなく給付される社会に比べれば、労働者の移動へのインセンティブが著しく失われることは確かでしょう。これは、解雇規制の厳格さとは別の問題です。

そして、保障する主体が一私企業に過ぎない以上、その保障の度合いは企業の経営状態に左右されてしまいますし、最悪の場合、倒産や解雇によってその保障から排除されてしまったときに誰かが面倒を見てくれるわけでもありません。もちろん、そのことが逆に労働者が企業の生き残りのために精力を傾注する忠誠心の源泉となり、企業にとってのメリットにつながるわけですが。

また、生活給制度がモラルハザードをもたらさないように、労働者の主観的要素を重視した査定方式が一般化したことが、できるだけ長く職場にとどまり上司に働いている姿を見せることを合理的な行動様式としてしまい、結果的に第1章で見てきたような際限のない長時間労働をもたらしてきたという面もあります。正社員と専業主婦というパターンが当然であった時代にはその矛盾はあまり表面化しませんでしたが、夫婦共働きが一般化してきた時代には明らかにデメリットが目立つようになってきました。

使用者にとっては、生活給制度はそれが労働者の忠誠心を十分に引き出してくれる限りにおいて有用なものですが、特に中高年層について報酬が労働の対価としてはあまりにも過大であると判断されると、それを是正するためにさまざまな手段が駆使されることになります。一九九〇年代以来、声高に唱道された成果主義とは、建前としては士気を高めるとか納得性のある制度にすると称されましたが、本音としてはベビーブーム世代が四〇代後半から五〇代にさしかかる中で、その賃金コストを表面的に正当な形で下方に修正するために導入されたものであったように思われます。実際、日本の成果主義賃金は欧米の成果給と異なり、職務記述や職務評価の概念を欠いており、基本構造は依然としてヒト基準の職能資格制度です。それまでと異なるのは、短期の成果で評価を行い、かつ前期の成果は今期の賃金決定にのみ考慮され次期には考慮されないという点です。このようなやり方はかえって労働者のやる気を失わせた面もあり、とりわけ二〇〇四年以来、成果主義に対する批判が急激にわき起こりました。

また、労働者の忠誠心自体、企業にとってどこまで重要性があるのかという問題もあります。ややは戯画的ですが、名ばかり管理職やホワイトカラーエグゼンプションで提起された問題は、あまり成果を伴わない長時間労働に対して高い報酬を払いたくないという企業側の本音だったようにも思われます。

政府にとっても、育児、教育、住宅といった現役世代のための社会政策費用を節約できることがメリットだなどという近視眼的な観点に安住しているわけにはいかないでしょう。現実に生活給制度から排除された家計維持的非正規労働者が増加する中で、それに目を閉ざしてそれらは生活給でまかなってくださいという姿勢では、かえって将来の社会的コストを大きくするだけになりかねません。

日本的フレクシキュリティのゆらぎ

日本の生活給制度を見る場合に、生活給が適用されている正社員だけでそのメリットとデメリットを考えても全体像はわかりません。生活給に基づき年齢とともに賃金が上昇していく正社員と、生活が維持できないような低水準に張り付いた非正規労働者の両方があって初めて日本型雇用システムが成り立っているからです。

しかし、それを労働市場の二重構造などとうかつにいうこともできません。なぜなら、非正規労働者の低賃金は彼らが生活給を稼ぐ正社員の妻やこどもであるという前提の上に、(法的な公正さはともかく）社会学的な正当性を得ていたからです。いささか皮肉な言い方ですが、この組み合わせを日本的フレクシキュリティと呼ぶことができるかも知れません。オランダやデンマークのフレクシキュリティとは全く異なりますが、いつでも解雇や雇止めができる低賃金の主婦パートやアルバイト学生のフレクシビリティ（柔軟性）と、彼らをその夫や父親の高賃金と雇用の安定性によって保護するセキュリティ（安定性）を組み合わせたモデルという意味で、一種のフレクシキュリティを実現していたといえるのではないでしょうか。

もともと高度成長期にもシングルマザーのようにそういう幸福な日本的フレクシキュリティから排除された人々がいたわけですが、九〇年代以降の就職氷河期世代の出現により、社会の相当部分がセキュリティのないフレクシビリティという悲惨な状態に追いやられてしまいました。日本的フレクシキュリティの根幹がゆらぎだしたのです。雇用システムのあり方を真剣に考える時期が再び到来しつつあるといえます。

■コラム■　家族手当の社会的文脈

同一労働同一賃金原則を厳格に解すれば、同じ仕事をしているのに扶養家族がいるかいないかによって賃金に差がつくなどということは許されません。若年の単身者であれ、多くのこどもを抱えた中年者であれ、仕事が同じである限り賃金は同じでなければなりません。

しかし、ではその賃金の最低限はどこに設定されるべきでしょうか。単身者が自分一人の生計を立てられる程度の額か、それとも扶養家族を抱える者がその全員の生計を維持しうる程度の額か。前者だとすれば、その最低額では家族持ち労働者は生計を立てられなくなります。とはいえ、後者(そもそも何人の扶養家族を前提とするのかも問題ですが)だとすれば、単身者は自分にはいない扶養家族分まで得ることになってしまいます。

労働しない扶養家族の生計費は誰がいかなる形で保障すべきなのか。その家族を扶養する労働者の賃金という形でその使用者から支払われるべきであるのか、それとも労働に対応すべき賃金とは別に社会的な給付という形で支払われるべきなのか。賃金論と社会保障論を貫く大きな問題です。

ヨーロッパでも日本でも、まずは賃金としての家族手当から対応が始まりました。例えばフランスでは一九世紀後半から大企業中心に家族手当の支給が広まりました。ところが、そうすると家族の多い労働者はコストがかかるので企業側が雇いたがらなくなります。そこで、業種別地域別に家族手当補償金庫が設立され、コストの平準化が図られました。扶養責任は個別企業から同業者全体に拡大されたわけです。これが第一次大戦後、少子化対策として法制化され、やがて労働者以外にも拡大されて普遍的な社会保障としての家族手当となっていったのです。
一方、日本でも、第一次大戦後家族手当を導入する企業が現れましたが、これが戦時下の賃金統制の下で大きく拡大しました。賃金が固定化される中で、家族手当という名目での昇給が例外的に認められたからです。敗戦後、生計費原則により年齢と扶養家族数に基づく賃金制度を再確立した電産型賃金体系により、扶養責任は社会化されるのではなく、個別企業が負担すべきものとなりました。

これに対して、同一労働同一賃金原則を唱道していたのは政府と経営側で、生計費原則との矛盾の解決は国家による児童手当に求められました。例えば、一九六〇年の国民所得倍増計画では、年功賃金制度の是正のため児童手当制度の確立を唱えています。ヨーロッパの後を追おうとしていたのです。ところが、ようやく一九七一年に児童手当法が成立した頃には時代の雰囲気はがらりと変わり、日本的雇用慣行は望ましいものと見なされるようになっていました。以後の児童手当の歴史は、「企業に家族手当があるのになぜそんなものがいるのか」という批判の中で細々と縮んでいくこととなります。

近年、少子化対策の文脈で児童手当が取り上げられることが増えましたが、それが企業の家族手当と相補的なものであり、労務提供への対償と生計費保障のはざまを埋める性格を有しているという認識はあまりないようです。しかし、この問題は賃金制度の原則と社会保障制度の設計を同時に解かなければならない連立方程式であり、年功制をやめて職務給にしていくというのであれば、それに対応する分を社会保障給付として拡大していくべき性格のものです。■

3　年齢に基づく雇用システム

年齢差別問題の再登場

生活給制度も含めて、日本型雇用システムを特徴づけているのはそれが年齢に基づく雇用システムであるという点です。その入口(新卒採用)から出口(定年退職)まで、またその間の処遇(年功賃金や年功序列)についても、かなり大幅に年齢に基づくシステムとなっています。

このため、同一企業内に勤続している間はいいのですが、いったんそこを離れると、なかなか再就職が難しくなります。若年単身者を前提とした低賃金から出発し、年齢とともにその生活に必要なだけ賃金が上昇していくという枠組みに、よそから入ってきた労働者を適切に位置づけるのは難しいからです。それでも就職後数年といった若年者であれば、同年齢層の正社員に組み込んでしまえますが、それを過ぎた年代になると、よほどの特殊技能を持った労働者でなければ、積極的に採用しようとはしません。実際、多くの企業は採用に年齢制限をかけて、中高年齢者を門前払いにする傾向にありました。

この問題は高度成長期に大きく取り上げられました。先に述べたように高度成長期には政府や経営側が年功賃金制度を否定し、同一労働同一賃金原則に基づく職務給を唱道していました。一九六七年に日本政府がＩＬＯ第一〇〇号条約を批准した背景にも、年功賃金制度を転換することによって「同一価値労働同一賃金原則」を実現できるとの見通しがありました。当時の労働行政は、賃金制度の改善によって採用における年齢制限をなくしていくことを政策目標としていたのです。

ところが、石油ショック以後の政策はがらりと方向を変え、年齢に基づく雇用システムを前提として、定年を延長したり、雇用を継続することが最優先課題となりました。中高年齢者が外部労働市場から企業に就職しようとするときの年齢差別は、政策担当者の問題意識から失われてしまったのです。

このテーマが政府の問題意識に再登場したのは、一九九九年閣議決定の「経済社会のあるべき姿と経済新生の政策方針」です。そこでは年齢にとらわれない経済社会という名の下で、年齢差別禁止という考え方が打ち出されています。経済企画庁の「雇用における年齢差別禁止に関する研究会」中間報告(二〇〇〇年)は、一企業だけでなく社会全体で雇用を保障していく必要を訴え、定年制の存在によって意欲と能力にかかわらず一律に雇用がそこで終了してしまう点、労働移動面では中途採用の年齢制限の存在のため中高年労働者の再就職が困難となっている点を指摘し、こういった年齢による一律の取り扱いを改め、年齢による差別の禁止という手段を真剣に検討していく必要があると主張しました。

二〇〇一年には雇用対策法の改正により、事業主の責務として「労働者の募集及び採用について、その年齢にかかわりなく均等な機会を与える」努力義務が盛り込まれました。しかしながら、これに基づく指針(大臣告示)は、長期雇用、年功制を維持することとのトレードオフで、事実上雇用慣行を理由にした適用除外を全面的に容認していました。当時の労働行政が、定年制の雇用保障機能を評価する内部労働市場法政策と年齢差別禁止を志向する外部労働市場法政策の間で悩んでいる姿を浮き彫りにしていたといえましょう。

この時期、内閣府に設置された総合規制改革会議の委員に、年齢差別禁止政策の急先鋒である労働経済学者の清家篤氏(現慶應義塾塾長)が参加したこともあり、同会議はこの問題に精力的に取り組みました。累次の答申の中で、募集・採用における年齢制限そのものを禁止することや、これを派遣労働における派遣先企業にも同様に適用すること、募集・採用において人種・信条・社会的身分を理由とする差別を明文で禁止することなどを求めています。ところが、二〇〇四年に規制改革・民間開放推進会議にバトンタッチされる際に清家氏は任命されず、このため規制改革サイドにおける年齢差別禁止政策への熱意は失われてしまいました。

年長若年者への年齢差別問題

こういう手詰まり状態にあった年齢差別禁止政策を動かしたのは、それまで念頭に置かれていた中高年齢者問題ではなく、急激に浮上してきた年長若年者問題でした。バブル崩壊により企業の採用抑制が厳しく、学校卒業時の選択肢も乏しかったために、一九九〇年代半ば以降、若者の間で失業者や非正規労働者が急速に増大しました。二〇〇〇年代半ばには景気の回復により新卒採用が活気を取り戻したにもかかわらず、いわゆる就職氷河期に非正規労働者にならざるを得なかった年長フリーターと呼ばれる世代は取り残され、非正規雇用に滞留したまま次第に中年化していくという事態が進み、社会保障システムの脆弱化や少子化の進展が懸念されるに至りました。

学校から仕事への移行をスムーズにするはずだった新卒採用制が不況により機能不全に陥っ

たことが、年齢に基づく雇用システムの見直しをその入口において求める大きな原動力となったわけです。

この問題に敏感に反応したのは与党の政治家でした。二〇〇七年初頭、自由民主党の雇用・生活調査会が、企業が労働者を募集・採用する際に年齢による制限を原則禁止する方向で検討に入り、公明党と合意の上、政府が提出しようとしていた雇用対策法の改正案に、上記努力義務を法的義務とする修正を加えたのです。この法改正により、事業主が労働者を募集・採用する際に年齢制限をすることは原則として禁止されるようになりました。「原則として」というのは例外があるからで、例えば長期勤続によるキャリア形成を図る観点から若年者を募集・採用する場合や、技能・ノウハウの継承のため特定の職種で少ない年齢層の者を募集・採用する場合など六つの例外が認められています。とはいえ、日本の法制において初めて正面から年齢差別を禁止する規定が設けられたことの意味は大きいといえます。

学卒一括採用システム

そこで浮かび上がってくるのは、年齢に基づく雇用システムと親和的な形で形成されてきた教育制度や福祉制度を、年齢に基づかないシステムにどう調和させていくのかという問題です。

ここではまず、若年期における「年齢の壁」である学卒一括採用・企業内訓練システムを考えましょう。

一定水準の職務を遂行するために一定の技能が必要である場合、その技能を教育課程において習得するか、労働過程において習得するか、それともそれ以外で習得するかが問題となります。教育課程で職業訓練を完全に行うのであれば、労働者となった以上は個人差はあっても年齢差は問題となり得ません。この場合、「年齢の壁」は最も小さくなります。これに対し、教育課程は一般学術教育に専念し、労働過程のみで職業教育を行うのであれば、労働者となっても初めは訓練を受けるべき立場であり、相当期間個人差よりも年齢差が問題となります。若年期は実習期間と位置づけられ、時間とともに技能が向上すると見なされるので、年功賃金制度が正当化され、極めて年齢差別的なシステムとなるでしょう。

もちろん日本にも中等教育機関として職業高校がありますし、高等教育機関としての大学も(学校教育法では明記されていませんが)職業教育機関としての性格を有していないわけではありません。しかしながら、とりわけ高度成長期以後の日本社会においては、学校教育における評価基準が一般学術教育に偏し、職業という観点が軽視されてきました。

教育社会学者の本田由紀氏はその著書『若者と仕事』(東京大学出版会)の中で、日本の教育システムの最大の問題点をその「職業的レリバンス(意義)」の欠如に求めています。教育に職業的レリバンスがないというのは、学校で学んだ教育内容が就職後の職業生活にほとんど意義を有していないということです。若者自身の主観的な評価においても、また団塊の世代を対象にした職業的自律性に関する客観的な評価においても、学校教育は職業キャリアにほとんど影響を与えていないのです。

といえば、日本は名にし負う学歴社会ではなかったのか? との疑問が湧いてくるでしょう。いやもちろん、学校教育は職業キャリアに大きな影響を与えています。ただし影響を与えているのは、教育内容ではなく学校の偏差値です。その学校で何をどれだけ学んだかではなく、その学校に入る段階の学業成績が重要なのです。就職の際に企業が若者に求めるのは、その企業で使える技能を学校で身に付けてきたかどうかではなく、その企業で一から厳しく訓練するのに耐えられる素材かどうかなのです。

本田氏は一九九〇年代以来のフリーターや無業者の増加の一つの要因としてこの職業的レリバンスなき教育システムを指摘し、厳しい労働市場の中で若者が生き抜いていくための「鎧」として全ての若者がなんらかの専門性を身に付けること、そのためにすべての高校を長期的になんらかの専門高校に特化させていくことを提唱しています。

4　職業教育訓練システムの再構築

公的人材システム中心の構想

戦後日本はなぜそのような仕組みになったのでしょうか。実は、ある時期までは公的人材養成システムを中心におく政策構想が政府や経営者サイドから繰り返し打ち出されていたのです。これは賃金制度論において同一労働同一賃金原則に基づく職務給制度が唱道されたのと揆を一にしています。

一九五〇年代、政府の審議会は普通教育偏重をやめ、職業教育を重視するよう繰り返し訴えていました。一八歳までのすべての若者に教室での学習と現場での実習を組み合わせたデュアルシステム的な義務教育を保障しようという構想もありました。日経連もこの時期、普通課程の高校はできる限り圧縮して工業高校の拡充を図ることや、五年制の職業専門大学(これは高等専門学校として実現)や六年制職業教育の高校制を導入すること、さらには高校に技能学科を設け企業内訓練施設を技能高校に移行することなどを求めました。これは、養成工たちにとっては切実な問題であったと思われますが、学校教育の純粋性を第一義と考える文部省には受け入れられるものではありませんでした。

一方、労働行政では、監督行政から技能者養成を切り離し、職業補導と合体させて職業訓練と名づけ、独立した政策分野として位置づける職業訓練法を一九五八年に制定しています。ここでは、ドイツやスイスの技能検定制度に倣って新たに技能検定制度を設け、技能士の資格を有することで労働協約上の高賃金を受けることができるような、企業横断的職種別労働市場が目指されました。

この方向性は、一九六〇年の国民所得倍増計画と、とりわけ一九六三年の人的能力政策に関する経済審議会答申において、政府全体を巻き込んだ大きな政策目標として打ち出されました。ここでは、職業に就く者は全てなんらかの職業訓練を受けるということを慣行化し、人の能力を客観的に判定する資格検定制度を社会的に確立し、努力次第で年功や学歴によらないで上級資格を取得できるようにして、労働力移動を円滑化すべきだと主張しています。特に職業高校について「実習の適当な部分は企業の現場において行う」ことや、さらには「一週間のうち何日かの昼間通学を原則と」し、「教科は教室で、実技は現場でという原則の下に」「職業訓練施設、各種学校、経営伝習農場等……において就学することも中等教育の一環として認められるべき」といった形で、明確にデュアルシステムを志向していたことが注目されます。

これに対して、一貫して冷やかだったのが教育界です。文部省がしぶしぶ職業教育に重点を置く教育の多様化を打ち出すと、日教組はそれを高校教育の格差づけを行う政策だと非難しました。奇妙なのは、「能力・適性・進路による選別」を非難しながら、同時に「生徒を○×式テストの成績によって振り分ける進路指導」を批判していたことです。そこには、多様な能力・適性・進路による選別を否定することが、結果的に一元的な成績によるふるい分けを不可避にしているのではないのかという反省は見あたりませんし、職業教育は高卒後に、というその主張が実は企業内人材養成と極めて親和的なものであるという認識もなかったようです。

企業内教育訓練体制の確立

戦後の職業教育体制は量的、質的に極めて貧弱な状態でしたから、大企業はやむを得ず自ら養成工制度を設け、企業内技術学校での学科教育と職場実習を組み合わせた教育訓練体制（企業内デュアルシステム）が一九五〇年代に形成されました。大企業の技術学校は、地域によっては地元の高校よりも優秀な中卒者を吸収し、高水準の教育を提供していましたが、企業内では高卒扱いでも、一歩企業外に出れば中卒扱いでした。一方、中小企業では、職業補導所（職業訓練校の前身）の修了生を採用するほかは、見よう見まねのＯＪＴが支配的でした。一九五〇年代の経営団体が職業教育中心の公的人材養成システムの拡充を求め続けたのは、こういう状況を背景にしていました。実業を嫌う教育界に企業側が一方的に思いを寄せていた時代といえるかも知れません。

この状況が大きく変わるのは一九六〇年代です。高校進学率が急上昇する中で、優秀な中卒者を養成工として採用し熟練工に育て上げるというコースが縮小し、高卒者を技能工として採用するようになっていきました。しかしながら、教育界は企業の求めるような職業教育をしてくれるとは限りませんから、普通高校卒を含む新規高卒者に対する教育訓練制度を確立していかなければなりませんでした。これは中卒養成工の訓練と異なり、六カ月程度の養成訓練とそれに続く職場のＯＪＴとＯｆｆＪＴを中心とする訓練体制です。日本的雇用慣行の特徴とされる人材養成システムがこの時期に完成されました。そして、定期人事異動とローテーション、長期間にわたる昇進選抜といった「青空の見える」雇用管理制度が発達していきます。こうなると、それまで日経連が主張していた明確な職務要件に基づく人事制度とか、同一労働同一賃金原則に基づく職務給制度といった「近代的」な思想はかえって邪魔者になってきます。賃金制度における職務給から職能給への思想転換はこういう企業現場の変化に対応していました。

政府が外部労働市場指向型の公的人材養成システムに熱を上げていた頃、すでに企業側の熱意は冷め始めていたわけです。その結果何が起こったかは誰もが知るとおりです。学校で具体的に何を学んだか、何を身に付けたかは就職時に問題にされず、偏差値という一元的序列で若者が評価される社会がやってきました。教育の職業的レリバンスの欠如したシステムです。

それまで近代的な職種と職業能力に基づく外部労働市場の確立を目指していた労働政策も、一九七三年の石油ショックを契機に、企業内部での雇用維持を最優先させる方向に大転換します。これに伴い、それまでの社会的通用性ある技能に着目した公的人材養成中心の政策は、企業特殊的技能を身に付けるための企業内人材養成に財政的援助を行うという方向に大きく舵が切られました。この時期は、アカデミズムにおいても終身雇用や年功制など日本的雇用慣行が内部労働市場論の立場から再評価され始めた時期に当たります。こういう政府や学界の方向転換は、それに先立つ時期の企業行動の変化を後追い的に追認したものといえるでしょう。

こうして企業内人材養成とそれに焦点を当てた労働政策が我が世の春を謳歌していた頃、企業からその必要性を否定された公的人材養成システムは苦難の道を歩んでいきます。職業訓練校や職業高校は、偏差値により輪切りされた若者たちを企業に送り込むという役割に甘んじていきました。

しかし、企業が学校に求めるのは企業内人材養成に耐えうる優秀な素材を提供することだけだということになれば、普通高校も大学も、その教育内容が企業にとって意味がないという点ではなんら変わりはありません。学ぶ内容に意味のない学校であれば、それはもはや学ぶ場所とは言えません。しかし教育界は、この多様性なき一元的序列づけという問題の根源にはなんら触れることなく、偏差値が悪いとか、心の教育とか、ゆとりだとか、見当外れの政策を行き当たりばったりに試みるだけでした。

職業指向型教育システムに向けて

やがてこの企業内人材養成システムがゆらぎだし、濃密なＯＪＴとＯｆｆＪＴによって技能を向上させていくべき正社員が絞り込まれるようになっていきました。これを示しているのが一九九五年の日経連「新時代の「日本的経営」」で、雇用システムそのものを長期蓄積能力活用型、高度専門能力活用型、そして雇用柔軟型という三つのタイプに分ける雇用ポートフォリオという考え方を提示しています。一九九九年には、「労働移動を可能にする能力」としてのエンプロイアビリティという概念を打ち出し、従業員の自己啓発を求めました。

労働省も一九九〇年代初頭から、政策方向を企業内人材養成から自己啓発にシフトし、一九九八年には労働者が自ら受講する教育訓練費用の一部を補助する仕組みが設けられました。もっとも、実際には英会話学校やパソコン学校を儲けさせただけだという評価もあります。二〇〇〇年代半ばからは、若者や非正規労働者などを念頭におき、自己啓発に任せるだけでなく公的訓練サービスの重要性が強調されるようになりました。すでに一九九〇年代後半、失業率の急上昇の中で、公共職業訓練施設は仕事に就くために技能を身に付ける場という本来の役割で見られるようになりました。一九九八年に封切られた山田洋次監督の映画「学校Ⅲ」は、リストラにあった中高年齢者たちが必死に職業訓練に励む姿を描き、万言を費やすよりも職業訓練校のイメージを刷新したのです。

企業内人材養成システムの動揺の中で地位を高めつつあるのは公共職業訓練施設だけではありません。職業高校にも専門高校という名で新たな光が当たりつつあります。企業内人材養成にかけるコストが削減されればされるほど、まがりなりにも一定の職業教育を受けてきた者に対する評価は上昇します。文部科学省では二〇〇三年度から、先端的な技術・技能などを取り入れた教育や伝統的な産業に関する学習を重点的に行っている専門高校を「目指せスペシャリスト」として指定し、将来のスペシャリストの育成を図る事業を実施しています。また、企業での実習と学校での講義などの教育を組み合わせて実施することにより若者を一人前の職業人に育てるための文部科学省サイドの「日本版デュアルシステム」も始められています。

一方、職業教育の意義が高まってくる時代とは、普通高校の存在意義が改めて問われる時代でもあります。フリーターやニートを生み出しているのはむしろ普通高校なのです。そして、存在意義が問われているのは大学も同様です。今日、大学進学率が五割を超え、能力不足ゆえに進学できない者はほとんどいなくなってきました。今や大学進学の可否は本人の能力ではなく親の経済力によって決まります。親がその間の機会費用を負担できるという条件さえクリアすれば、大学に進学できるのです。

大学は、「学術の理論及び応用を教授研究し、その深奥を極めて、文化の進展に寄与する」という建前と、現実の就職先で求められる職業能力とのギャップをどう埋めるのかという課題に直面しています。この問題は、大学教師の労働市場という問題とも絡みますが、いずれ正面から大学を職業教育機関として位置づける必要があるはずです。これまでアカデミズムの牙城と思われてきた大学院ですら、二〇〇二年に学校教育法が改正され、「学術の理論及び応用を教授研究し、高度の専門性が求められる職業を担うための深い学識及び卓越した能力を培うことを目的とする」専門職大学院が設けられ、明確に職業教育機関として位置づけられているのです。

なお二〇〇八年末に、文部科学大臣から中央教育審議会に対してキャリア教育・職業教育のあり方について諮問が行われ、二〇〇九年初めからキャリア教育・職業教育特別部会で審議が行われています。二〇〇九年夏に報告がとりまとめられる予定ですが、新聞報道によると、大学レベルの職業教育機関として「専門大学」「職業大学」を設置し、実験や実習など仕事に直結する授業に重点を置き、企業でのインターンシップを義務づけるなど、まさに職業指向型の高等教育機関を目指しているようです。

日本版デュアルシステムの可能性

とはいえ、こうした動きはまだまだ始まったばかりです。現実の教育システムの圧倒的大部分はなお職業への指向性がきわめて希薄なままです。文部科学省管轄下の高校やとりわけ大学が職業指向型の教育システムに変化していくには、教師を少しずつ実業系に入れ替えることも含め、かなり長期にわたる移行期間が必要でしょう。

厚生労働省管轄下の職業訓練機関は、サブプライムローン問題に端を発する経済危機の中で急に脚光を浴びるようになりましたが、それまでは必ずしもその重要性が認識されていたわけではありません。それどころか、失業者が目の前で急増しつつあった二〇〇八年一二月に、行政減量という大義名分のもと、訓練施設を運営する雇用・能力開発機構を廃止すると決定したことからも窺えるように、公的職業訓練に対する一般の認識はまだまだ低いものがあります。

現実の日本社会では、職業教育訓練システムは依然として質的にも量的にも、圧倒的に企業内教育訓練に依存しているのです。そしてそのため、企業内教育訓練機会から排除された多くの若年非正規労働者が、技能を身に付けられないまま次第に中高年化していくという事態をもたらしています。今現在の低賃金や不安定雇用といった問題も重要ですが、中長期的に深刻なのはこちらの問題でしょう。

これに対して政府はここ数年来、日本版デュアルシステムやジョブカードといった政策をとってきました。前者は教育訓練機関における座学と企業における実習およびＯＪＴを組み合わせた新たな人材養成システムで、修了後その企業に雇用されることを目指すものです。また後者は、企業現場や教育機関で実践的職業訓練を受け、その修了証（ジョブカード）などを就職活動に活用しようとするものです。これらは、現代日本の労働社会において有効な教育訓練機能が企業に集中しているという事実を前提に、それを若年非正規労働者たちの技能向上にいかに活用するかという問題意識から生み出されたものです。その意味では現実に即した政策といえますが、ジョブ型ではない労働社会においてジョブカードがどこまでの意味を持ち得るのかと考えると、日本の労働社会の今後のあり方をどう考えるのかという問いともつながってきます。

■コラム■　教育は消費か投資か？

後述の生活保護には、生活扶助に加えてそのこどものための教育扶助という仕組みがあります。これは法制定以来存在していますが、その対象は義務教育に限られています。実は一九四九年の現行生活保護法制定の際、厚生省当局の原案では義務教育以外のものにも広げようとしていたのです。高校に進学することで有利な就職ができ、その結果他の世帯員を扶養することができるようになるという考え方だったのですが、政府部内で削除され、国会修正でも復活することはありませんでした。

これは、当時の高校進学率がまだ半分にも達していなかったことを考えればやむを得なかったともいえますが、今日の状況下では義務教育だけで就職せよというのはかなり無理があります。実際、二〇〇四年一二月の社会保障審議会福祉部会生活保護制度のあり方に関する専門委員会報告は、高校への就学費用についても生活保護制度で対応することを求め、これを受けた厚生労働省は法律上対象が限定されている教育扶助ではなく、「生業に必要な技能の修得」を目的とする生業扶助として高校就学費用を認めることとしました。これは苦肉の策ともいえますが、考えてみると職業人として生きていくために必要な技能を身に付けるという教育の本質を言い当てている面もあります。

現在すでに大学進学率は生活保護法制定当時の高校進学率を超えています。大学に進学することで有利な就職ができ、その結果福祉への依存から脱却することができるという観点からすれば、その費用を職業人としての自立に向けた一種の投資と見なすことも可能であるはずです。これは生活保護だけの話ではなく、教育費を社会的に支える仕組み全体に関わる話です。ただ、そのように見なすためには、大学教育自体の職業的レリバンスが高まる必要があります。現実の大学教育は、その大学で身に付けた職業能力が役に立つから学生の就職に有利なのか、それとも大学入試という素材の選抜機能がもっぱら信頼されているがゆえに学生の就職に有利なのか、疑わしいところがあります。

生活給制度の下でこどもに大学教育まで受けさせられるような高賃金が保障されていたことが、その大学教育の内容を必ずしも元を取らなくてもよい消費財的性格の強いものにしてしまった面もあります。親の生活給がこどもの教育の職業的レリバンスを希薄化させる一因になっていたわけです。そうすると、そんな私的な消費財に過ぎない大学教育の費用を公的に負担するいわれはないということになり、一種の悪循環に陥ってしまいます。

今後、教育を人的公共投資と見なしてその費用負担を社会的に支えていこうとするならば、とりわけ大学教育の内容については大きな転換が求められることになるでしょう。すなわち、卒業生が大学で身に付けた職業能力によって評価されるような実学が中心にならざるを得ず、それは特に文科系学部において、大学教師の労働市場に大きな影響を与えることになります。ただですら「高学歴ワーキングプア」が取りざたされるときに、これはなかなか難しい課題です。

5　教育費や住宅費を社会的に支える仕組み

生計費をまかなうのは賃金か社会保障か

生活給制度を縮小廃止するのであれば、これまで生活給が担ってきた生活保障機能（年齢とともに増加する生計費をまかなう仕組み）への対策が必要となることを忘れてはなりません。とりわけ、こどもの養育・教育コストを社会的に負担するシステムが不可欠となります。

幼児期・年少期の養育・教育コストについては、近年少子化対策として論じられることも多く、その公的負担の必要性についても認識が高まってきていますが、問題はその後の中等教育や高等教育のコストです。私立学校の比率が極めて高く、中等・高等教育コストが大幅に私的に負担されている現状は、こどもがその年齢に達した頃にそれを負担しうる程度の生活給を社会的前提としています。

同様の問題は、家族向け借家が乏しく、持ち家促進に偏してきた住宅政策についてもいえます。「年齢の壁」のない社会は、フラットな賃金体系の下でも家族が十分な広さの借家で快適な生活を送れるような社会である必要があります。それが公営住宅である必要はなくとも、公的なコスト負担は不可欠でしょう。

この問題意識は、政府が流動的な外部労働市場や同一労働同一賃金原則に基づく職務給を唱道していた高度成長期には政府部内に存在していました。それが政策として明確に示されているのが、高度成長期の最後に書かれた一九七四年の労働白書です。労働経済課長になったばかりの若き田中博秀氏の下でとりまとめられたこの白書は、どの国でもライフサイクルによる家計消費支出は似通っているにもかかわらず、年齢別賃金構造は大きく異なることを示し、欧州諸国ではそのギャップは児童手当や住宅手当などの公的な制度によって支えられていると指摘しています。そして、「我が国についても賃金制度の機能のうち公的制度で充足することが適切であるものについては、公的制度の役割を強めることによって、勤労者福祉の充実をはかっていく」ことを提起していました。

しかし、ちょうどその頃押し寄せてきた石油ショックの波の中で、労働政策は内部労働市場を志向し、長期雇用慣行や年功賃金制度を高く評価する方向に大きく転換し、以後このような問題意識は前面には現れなくなります。

二つの正義のはざま

先に述べた改正最低賃金法では、地域別最低賃金について生活保護との整合性に配慮することが明記されています。この審議の際、使用者側からは繰り返し「労働の対価である最低賃金と社会福祉としての生活保護では根本が全く異なり、その両者の間で整合性を考慮することについては疑問を禁じ得ない」と疑問が提起されていました。

確かに賃金は労働の対価です。そこにおける正義とは交換の正義、「等しきものに等しきものを」という正義でしょう。これは市場経済の根本にある正義の観念で、使用者側だけがそういう正義を振り回しているわけではありません。同一労働同一賃金原則とはまさにこの交換の正義の具現です。「私の労働はこれだけの価値があるはずなのに、これっぽっちの対価しか与えられないのは不当だ」という感覚は、まさに市場プレイヤーとしての「差別が正義に反する」という観念からのものでしょう。そして、そういう交換の正義を貫いていけば、市場の内側にあるにもかかわらず等価交換になっていない部分があるとすれば、正義に反するものとして非難の対象となります。最低賃金と称して、その労働者の生産性に対応すべき賃金よりも不当に高い賃金を強要するなど、不正義の極みでしょう。実際、多くの経済学者はそう論じます。それはそれとして筋が(筋だけは)通っています。

ところが残念ながら、世の中は交換の正義だけで成り立っているわけではありません。分配の正義、「乏しきに与えよ」という正義が、憲法第二五条に立脚して「健康で文化的な最低限度の生活」を国民に保障しています。そして、その福祉の世界は市場の世界と境を接していいます。そうすると、市場の世界では交換の正義に基づいて、一生懸命働いていながら不健康で非文化的な最低限度以下の生活を余儀なくされている人が、一歩境をまたいで福祉の世界に逃げ込めば、働かなくても健康で文化的な最低限度の生活を保障されるということになります。ここに究極のモラルハザードが発生しますが、これは我々の住む社会が二つの異なる正義の観念に立脚していることに由来するわけです。

分配の正義からすれば、扶養家族の多い世帯により多くの生活保護を支給するのは当然のことです。しかし、交換の正義からすれば、扶養家族が多いからといって多くの賃金を支給するのは不正義になります。日本型雇用システムにおいて生活給的年功制が成り立っていたのは、終身雇用慣行の中で、どの労働者にとっても若い頃の低賃金と中高年期の高賃金という形で均衡がとれていたからでしょう。長期的な決済の中で初めて交換の正義が成り立つものを、一時点の賃金水準に適用することは不可能です。

教育費や住宅費を支える仕組み

とはいえ、現実に日本型雇用システムに入らない家計維持的な非正規労働者が増大している以上、彼らに対して家族の生計を維持できるような収入をなんらかの形で確保する必要があります。最低賃金自体に家族の生計費を考慮することが交換の正義に反するのであるならば、賃金以外の形でそれを確保しなければなりません。それは端的に公的な給付であってよいのではないでしょうか。

本人以外の家族の生計費、子女の教育費、家族で暮らすための住宅費など、労働者の提供する労務自体とは直接関係はないにしても、彼／彼女が家族を養いながら生きていくために必要な費用は、企業が長期的決済システムの中でまかなわないのであれば、社会的な連帯の思想に基づいて公的にまかなう必要があるはずです。

生活保護であれば生活扶助に加えてかなり手厚い教育扶助や住宅扶助が存在し、この必要に対応しています。しかし、多くの非正規労働者や非正規労働者であった失業者にはそのような仕組みはありません。これは、考えようによってはたいへんなモラルハザードの原因をつくりだしていることになります。なぜなら、雇用からこぼれ落ちて福祉に依存すれば教育費や住宅費の面倒を見てもらえるのに、わざわざそこから這い上がって雇用に就くとそれらに相当する収入が失われてしまうのであれば、就労に対する大きな負のインセンティブになってしまうからです。

実際、日本のような過度に年功的な賃金制度を持たない欧州諸国では、ある時期以降、フラットな賃金カーブと家族の必要生計費の隙間を埋めるために、手厚い児童手当や住宅手当が支給され、また教育費の公費負担や公営住宅が充実しています。社会のどこかが支えなければならない以上、企業がやらない部分は公的に対応せざるを得ないはずでしょう。

それは、当面は家族生計費や子女の教育費や住宅費が本人賃金の中に含まれる生活給制度の下にある正社員層と、それらを賃金という形ではなく公的給付として受給する低賃金の非正規労働者層という労働市場の二重構造を前提とするものとの批判を免れないかも知れません。

しかしながら、そうした生計費のセーフティネットが徐々に張り巡らされていくことによって、これまで生活給制度の下にあった正社員層についても、ある時期以降、フラットな職務給に移行していく社会的条件が整っていくはずです。逆に、そうした条件整備抜きに短兵急に職務給の導入を唱道してみても、社会に無用の亀裂を生み出すだけでしょう。

■コラム■　シングルマザーを支えた児童扶養手当とその奇妙な改革

ある意味でこれを先取りしていたのがシングルマザーの人たちです。多くのシングルマザーはこどもの世話をしなければならないため、低賃金で非正規就労しています。そして、日本のシングルマザーの就業率は八〇％以上と世界的に見て驚異的に高く、さらに日本では就労しているシングルマザーの方が生活保護を受給しているシングルマザーよりも貧しいのです。これは、二〇〇六年のOECDの対日経済審査報告書でも、驚きの念とともに取り上げられました。

そうした働くシングルマザーを支えてきた制度が児童扶養手当です。これはこどもが一八歳になるまで月額四万円強支給されるもので、生活保護に比べれば乏しい金額ですが、母親の就労所得と併せて母子家庭の生活を支えてきたものといえます。ところが、二〇〇二年の自立支援を掲げた改革により、その受給期間に制限が設けられました。

この改革の発想の原点は欧州における福祉改革の動きです。欧州諸国では福祉が手厚すぎるために就労可能な人々が福祉に依存して生きていることが問題とされ、一九九〇年代に入ってから「ワークフェア」とか「アクティベーション」と呼ばれる一連の政策がとられるようになりました。これは、単に就労可能な者の就労を促進しようというにとどまらず、社会的統合（ソーシャルインクルージョン）という貧困に対する新たな認識枠組みに基づき、労働市場から排除された人々を就労を中心とする社会参加によって積極的に社会の主流に統合していこうという考え方です。二〇〇〇年代にはいるとこれが日本の政策決定にも一定の影響を及ぼし始めます。

二〇〇〇年に「社会的な援護を要する人々に対する社会福祉の在り方に関する検討会」報告書が出され、英仏の社会的統合政策に触発されて、生活保護制度の見直しを提起しました。後述の自立支援プログラムはその実現です。ところが、なぜか生活保護制度の見直しに取りかかる前に、二〇〇二年の「低所得者の新たな生活支援システム検討プロジェクト」報告書は、まず母子家庭の自立支援と児童扶養手当の見直しを打ち出したのです。

就業率が極めて低く、福祉給付のかなりの部分を占めている欧米のシングルマザーに対しては、ワークフェア的政策にも大きな意味があったといえます。しかし、高い就業率を維持しながら、その就労所得の低さから貧困率も極めて高い水準にある日本のシングルマザーに対して、就労による自立を求めて児童扶養手当の削減を図るというのは、いささか転倒した政策であったというべきでしょう。欧米のワークフェア政策が、就労意欲を失わせるような公的扶助への依存から、就労を前提として低賃金を補完する在職給付への移行を追求しようとしている時期に、皮肉にも全くそれと相反するような政策を打ち出してしまったことになります。児童扶養手当は公的扶助というよりも、所得制限のある社会手当としての性格が強いのですが、日本ではそもそも社会手当に対する認識が乏しいことが、この結果をもたらしたといえるかも知れません。■

6　雇用保険と生活保護のはざま

雇用保険と生活保護の断層

雇用保険の失業給付は、拠出制社会保険制度と雇用政策手段という二つの性格を併せもっています。社会保険制度としては、労働者の失業による所得の喪失を保険事故と捉え、再就職するまでのその所得の保障を行うことが目的ですが、雇用政策手段としては、完全雇用という政策目的を実現するために、失業者ができるだけ速やかに再就職できるよう援助することが目的です。

拠出制社会保険である以上、給付日数には限度があります。所定給付日数を超えても再就職できない失業者には、現在の日本には雇用政策上の所得保障制度は存在しません。一般的な最低所得保障制度としての生活保護があるだけです。ところが、生活保護法上は就労可能な者であっても受給することができるにもかかわらず、窓口レベルで厳しい規制がされ、就労可能年齢に属する男性の場合は事実上受給が極めて困難となっていました。

窓口規制は最近はやや緩和されつつあるようですが、生活保護受給には補足性の原理によって、その利用しうる資産、能力その他あらゆるものを活用することが要件とされ、また扶養義務者の扶養が優先することから、いわば全てのものを捨てて身ぐるみ剝がれた状態でなければ入れないという障壁があります。このため、多くの長期失業者や若年失業者が、雇用保険制度と生活保護制度のはざまで無収入状態に陥っているのです。

一方、欧州諸国では拠出制失業給付と生活保護(公的扶助)の間に、一般財源による失業扶助という制度が設けられ、失業給付が切れた者や、若年者などそもそも受給資格がない失業者に対しても給付がなされる例が多く見られます。ところが近年の欧州の傾向としては、失業扶助と公的扶助を統合し、就労可能な者に対しては金銭給付をしながら(再)就職を促進していくというのが大きな流れになりつつあります。公的扶助受給者でも就労可能な者はできるだけ労働市場に引っ張り込んでいくというのが、ワークフェアとかアクティベーションと呼ばれる新たな雇用・社会政策の方向なのです。日本で、雇用保険と生活保護の断層をどう埋めていくかを考える際には、こうした欧州の経験を踏まえた形で検討すべきでしょう。

日本型雇用システムに対応した雇用保険制度のほころび

しかし、その前に考えるべきことがあります。現行の雇用保険制度自体が、前述した日本的フレクシキュリティを前提にして、非正規労働者の相当部分をその適用対象から排除してきた面があるからです。

二〇〇八年末に「派遣切り」が大きな社会問題になったのは、派遣労働者をはじめとする非正規労働者への公的セーフティネットが極めて不完全な状態にあったためですが、ではなぜ派遣労働者の多くが雇用保険の適用を受けられなかったのでしょうか。その理由を知るには、歴史を若干遡る必要があります。

もともと雇用保険法の前身の失業保険法は、制定時から日雇い労働者(日々雇用、または一カ月以内の有期雇用)と季節労働者(季節的業務に四カ月以内の有期雇用または季節的に雇用される者)を適用除外にしていましたが、それ以外の有期雇用は対象にしていましたし、これらの者も一定期間を超えて雇用されれば対象としていました。また、一九四九年改正で日雇い失業保険制度が設けられています。当時も臨時工と呼ばれる恒常的に就労する有期契約労働者が多数存在していましたが、季節的でない限り基本的に失業保険が適用されていたのです。労働者供給事業で就労する供給労働者にも、供給先を事業主として失業保険を適用する旨の通牒が出されています(昭和二四年一一月五日失保発第二五七号)。一九七四年の雇用保険法で、それまで適用除外だった季節労働者と適用対象だった「短期の雇用に就くことを常態とする者」を併せて「短期雇用特例被保険者」を設け、失業給付の代わりに特例一時金を支給することにしましたが、そのような有期契約労働者も法の対象であることに変わりはありません。

ところが、成人男性を暗黙のうちに前提とするこれらの扱いとは全く別に、一九五〇年には、「臨時内職的に雇用される者、例えば家庭の婦女子、アルバイト学生」であって家計補助的で反復継続して就労しない者は対象にしないという通達が出されています(昭和二五年一月一七日職発第四九号)。その理由は「失業者となる恐れがな」いからだというのです。法律上の根拠はないにもかかわらず、この扱いが基本的に今日まで維持されてきたのは、家計補助的な労働者に失業保険は不要だという意識が強固であったからでしょう。いわば、社会的な正当性が存在したのです。

その後、パートタイム労働者については、一定の者を対象に含めるようになり、現在では法律上、給付については一般労働者と全く同じになっていますが、適用要件は去る二〇〇九年三月の改正まで一年の雇用見込みとハードルが高くなっていました（現在は六カ月以上の雇用見込み）。また、フルタイム登録型派遣労働者には法律上の特例規定は存在せず、法律上は日雇い派遣労働者や季節的派遣労働者でない限り当然適用されるはずですが、なお通達上「反復継続して派遣就業する」ことが要件とされ、一年以上の雇用見込み、または一年未満の契約でも派遣就業の間隔が短い場合に適用するとされ、かつての臨時工や供給労働者とは異なる扱いとなっていたのです（現在は六カ月以上の雇用見込み）。

「家庭の婦女子、アルバイト学生」にのみ要求していた反復継続要件を、現在の家計維持的なフルタイム登録型派遣労働者にも要求し続けていることは、あまりにも実態と合わない運用になっているといえます。「派遣切り」で職業も住居も失った派遣労働者たちの多くが雇用保険も受給できない状態であったのは、彼らの実態に合わせて制度の運用を適切に変えてこなかったことのツケではないでしょうか。

そもそも、給付要件と異なり、適用要件を拡大したからといってモラルハザードの恐れはありません。家計補助的な就労者についても雇用保険料の支払い義務が生じるだけです。そのような人々が雇用保険料を払わずに済むメリットと、失業が直ちに生活費の欠乏につながる人々が(入りたくても)雇用保険制度に入れないデメリットのどちらを重視するかという問題です。就業形態の多様化ということは、雇用見込み期間の長短で雇用保険にカバーされる必要性の有無を判断することがもはや不可能になってしまったということですから、基準を一年にしようが六カ月にしようが、上記のメリットとデメリットの比較考量が必要になります。本来失業というリスクを第一義的にカバーするのが雇用保険制度である以上、結論は自ずから明らかでしょう。

■コラム■　登録型プレミアムの可能性

しかしながら、実はこれまでの扱いは「派遣労働者は家計補助的」という時代遅れの発想に基づくとばかりはいえない面もあります。それは登録型派遣事業という仕組みに内在する問題です。登録型派遣事業では雇用契約は派遣契約と運命をともにします。つまり、派遣会社が派遣労働者を派遣して賃金を支払う状態におくか、それとも派遣されていない登録中の状態におくかは、派遣会社がコントロールしうるのです。登録中は雇用されていないのですから、失業状態であることに間違いはありません。しかしこの「失業」は、派遣労働者本人ではなく、派遣会社がその期間をコントロールしうる失業です。言い換えれば、登録型派遣事業というのは、失業給付が支給される期間を最大化することによって、賃金コストを最大限に雇用保険財政でまかなうことが企業行動によって可能な業態なのです。

これを常用型派遣事業と比較すると、事態は極めて明瞭です。常用型派遣事業では、派遣されていない期間も「失業」ではなく、少なくとも六割の賃金が支払われます。経済的実態としては派遣の合間の待機期間という同じ性質であるのに、一方では派遣会社が賃金を支払わねばならず、他方では他の多くの企業の労使が拠出した保険料を原資に失業給付を受けられるのであれば、これは大きなモラルハザードといわざるを得ません。

家計補助的とはいえないフルタイム登録型派遣労働者について、パートタイム労働者と同様に雇用保険の適用制限をかけている実質的な理由は、この派遣会社のモラルハザードへの懸念であるとも考えられます。とすれば、登録型派遣事業を禁止するのでない限り、これに対しては雇用保険の制度設計によって対処すべきでしょう。

具体的には、登録型派遣事業については通常の雇用保険料に加えて、登録型派遣会社が支払うべき上乗せ保険料を設定し、例えば一カ月以内の短期間の「失業」に対しては、この保険料を原資とした「登録型派遣労働者待機期間給付」を支給するといったやり方が考えられます。いわば、登録型派遣事業という小宇宙の中で必然的に発生する摩擦的「失業」への保障は、常用型派遣事業のように個別派遣会社に負担はさせないが、登録型派遣業界全体として連帯的に負担するという仕組みです。もちろん、先行きの派遣の見通しが立たないような状況においては、「失業」期間が一カ月を超えて継続することになるので、原則に戻って、一般の保険給付が支給されることになります。

実は二〇〇九年三月末まで、登録型派遣労働者については、雇用期間満了後次の就業先が決まっていなくても、一カ月程度経過するまで被保険者資格を喪失しない(つまり失業者と認めない)という扱いをしていました。これも法律上の根拠のないものでしたが、考え方としてはまさにこのモラルハザードを防止することが目的であったと思われます。しかし、現に職を失い、収入がなくなっている者を失業者と認めないというのは姑息なやり方であったといわざるを得ません。■

トランポリン型失業扶助

雇用保険の適用要件について雇用見込み期間を削除し、すべての非正規労働者にも雇用保険を適用することによって、相当数の非正規労働者が受給可能になると思われます。しかしながら、保険としての性質上、一定の勤務期間を充たさない者に支給するわけにはいきませんので、なおこぼれ落ちる者は発生します。また、西欧諸国と比較してかなり短い給付期間の下では、給付終了後も就職できないまま無収入の失業者となっている人々も少なくありません。そこで、二〇〇九年に入ってから急速に、EU諸国に見られるような無拠出制の失業扶助制度への関心が高まってきました。その際には、ワークフェア的な観点から、給付に安住することなく、労働市場に迅速に復帰できるような制度設計が必要になります。いわゆる「トランポリン型」の制度です。

この観点から見て興味深い仕組みが、二〇〇八年末に緊急対策として打ち出されました。一つは「就職安定資金融資」で、雇用保険でカバーされていなかった失業者に対して、生活・就職活動費として一五万円×六カ月＝九〇万円、家賃補助費として六万円×六カ月＝三六万円を融資し、六カ月以内に就職すれば一部返済免除になるという制度です。いわば、就職することを条件にした無拠出の失業扶助といえます。もう一つは、訓練期間中の生活保障給付制度として、所得二〇〇万円以下の者に対し、一〇万円(扶養家族があれば一二万円)を貸し付け、年長フリーター、母子家庭の母、中高年者、若年者など就職困難者が訓練を適切に終了すれば返済を免除するという仕組みです。いずれもワークフェア的な制度設計がされています。

その後、連合と日本経団連は共同で、職業訓練の受講を条件とする恒常的な生活保障制度の創設を求めました。さらに、自由民主党の雇用・生活調査会が生活保障のための受講給付金の支給を提起したことを受けて、政府・与党は「経済危機対策」の中で、緊急人材育成・就職支援基金を設けて、訓練・生活支援給付を支給することを決定しました。これは二〇〇九年五月に成立した補正予算に盛り込まれて、七月から実施されています。訓練期間中の生活保障として、単身者には月一〇万円、扶養家族を有する者には月一二万円を支給するとともに、それぞれ月五万円および月八万円の範囲で貸付を行うというものです。恒久的な制度ではなく三年間の期限つきですが、これはむしろ今後雇用と生活のセーフティネットのあり方を総合的に考えていくための猶予期間と考えるべきでしょう。

生活保護の部分的失業給付化

このような形で雇用保険と生活保護の間の断層を埋める努力が進んでいますが、いかなる制度設計をしてもなおそこからこぼれ落ちる人々が存在し得ることを考えると、最終的セーフティネットである生活保護自体についても、労働市場との関わりを保った給付制度としてそのあり方を再検討していく必要があります。

現在の生活保護受給者は、高齢者世帯が四五％、傷病・障害者世帯が三六％と圧倒的に就労困難ないし不可能な者が多数を占め、欧米では過半を占める母子世帯が八％、その他の世帯は一一％に過ぎません。これは、就労可能な者の流入を窓口で規制したため、ほかに道のない人々ばかりを入れてきたことの結果でしょう。そのため、いったん生活保護を受給し始めるとなかなかそこから脱却することができず、長期受給者になってしまいます。

逆に、生活保護に入れてしまうとなかなか出て行かないということを前提にすると、就労可能な者をうかつに入れない方がよいという現場の判断がでてきます。補足性の要件に基づいて、資産や係累を利用し尽くして初めて受給できるのであれば、そこから脱却しようとしても、もはや資産や係累はなくなっていることになります。社会の主流から排除されることが受給の条件であるとすれば、受給させずに社会とのつながりを維持した方がよいのかも知れません。

この断層を埋めるには、生活保護制度自体を抜本的に見直し、少なくとも就労可能者に対しては、補足性要件を緩和してある程度の資産を有したままでも受給を幅広く認める代わりに、失業給付と同様の求職活動を義務づけることが必要でしょう。いわば、生活保護の部分的第二失業給付化です。したがって、いったん受給し始めたら永久に貰えるものではなく、例えば二年程度の有期給付とし、求職活動にもかかわらず就職困難な場合には更新を認めるにしても、逆に求職意欲のない場合には支給を終了するという厳しい対応も求められます。もちろん、就労可能といっても技能水準が低いために低賃金労働にしか従事できない者に対しては、その能力開発のための援助が欠かせません。

こうした方向への生活保護制度の転換は、実は法改正を伴わない形で進められてきています。二〇〇四年一二月の社会保障審議会福祉部会生活保護制度のあり方に関する専門委員会報告は、「利用しやすく自立しやすい制度へ」を掲げて、自立・就労支援を大きく取り上げ、地方自治体が自立支援プログラムを策定して、それに基づいてハローワークと連携して就労支援を行うことを求めました。

この報告に基づき、厚生労働省は二〇〇五年度から通達により自立支援プログラムを実施させています。これまで「職安に行け」といって済ませてきた者に、福祉事務所とハローワークの連携による就労支援がなされるようになっただけでも大きな意味があります。ただ、これまでのところ、就労支援が効果を上げているのは受給期間の短い近年の受給者に限られているようです。

このプログラムをさらに実効あるものにしていくには、法改正なしに通達だけで進めるというやり方には限界があるのではないでしょうか。次の段階として生活保護法の抜本改正が必要になりつつあるように思われます。

働くことが得になる社会へ

ここで欧州に目を転じると、失業保険自体がかなり手厚い上に、無拠出の失業扶助もあり、さらに生活保護に当たる公的扶助もかなり寛大に給付されていました。これは福祉国家の理念からすれば望ましいことともいえますが、そのことによるモラルハザードは大きいものがあります。「失業の罠」や「福祉の罠」といった言葉で語られるように、働けるのに働かない人々をどうやって労働市場に引き戻すかが一九九〇年代以来の欧州の重要な政策課題となってきているのです。これは単に国家財政の負担軽減といった問題意識からだけではありません。公的セーフティネットによって生活は維持できても、仕事という形で社会の主流に参加できないことは社会から排除されていることだという認識が広がってきたことが重要です。寛大な福祉国家がその意図に反して社会的排除を産み出しているのであれば、新たな政策が目指されなければばなりません。

　ここから一九九〇年代以来のＥＵ社会政策を特徴づける大きな柱が浮かび上がってきます。それは「メイク・ワーク・ペイ」、働くことが得になるような社会を目指そうという政策です。このため、失業者や福祉受給者の活性化（アクティベーション）が重視され、職業訓練などによって労働市場に復帰しやすくするとともに、彼らが就職する仕事の質を向上させ、離職を抑制するといった施策がとられています。

第4章　職場からの産業民主主義の再構築

1　集団的合意形成の重要性

「希望は戦争」という若者

格差問題が焦点になりつつあった二〇〇六年末、朝日新聞社の雑誌『論座』(二〇〇七年一月号)に、大きな議論を巻き起こした論文が載りました。赤木智弘氏の「『丸山真男』をひっぱたきたい――三一歳、フリーター。希望は戦争」です。「我々が低賃金労働者として社会に放り出されてから、もう一〇年以上たった。それなのに社会は、我々に何の救いの手を差し出さないどころか、GDPを押し下げるだの、やる気がないだのと、罵倒を続けている。平和が続けば、このような不平等が一生続くのだ。そうした閉塞状態を打破し、流動性を生み出してくれるかも知れない何か――。その可能性の一つが、戦争である」。「戦争は悲惨だ。しかし、その悲惨さは「持つものが何かを失う」から悲惨なのであって「何も持っていない」私からすれば、戦争は悲惨でも何でもなく、むしろチャンスとなる」。

同誌四月号は多くの文化人にこの赤木論文に対する応答を書かせています。しかし、そのほとんどは「希望は戦争」というレトリックにのみ反応し、戦争がいかに悲惨かを説くばかりで、赤木氏の主張の本丸に正面から向かい合おうとするものはなかったようです。少なくとも、のちに出版した著書『若者を見殺しにする国』(双風舎)で赤木氏はそう認識しています。同書で赤木氏は、「安定労働者層とそれに結びつく左派が、貧困労働層をきわめて軽視しているという現状」を痛烈に非難し、「正社員の待遇を非正規社員の水準に合わせる方向での検討も必要」と述べた労働ビッグバン論者の八代尚宏氏の発言に「本気で弱者を救おうとする意図」を感じています。

彼の議論には、真剣に耳を傾けるべき点が確かにあります。しかし同時に、世代論と階層論を安易に混同している面もあります。彼が安定労働者層として批判する正社員の生活給制度とは、前章で述べたように非正規労働者として働く家族の生活費も含めて保障しようとするものであり、むしろ階層格差を縮小する方向に働くものでした。したがって、もし彼が同書の中でやや自嘲気味に希望しているように、「強者女性」に扶養される「主夫」という社会的位置づけに安住できるのであれば、階層論的には問題は消滅してしまいます。もちろん、若い男性としてそれが許されない社会的圧力を感じているがゆえに、赤木氏は現状に不満を抱いているわけですが、それは原理的には強者男性に扶養される主婦パートにもいえることでした。

いずれにせよ、一九九〇年代半ばから二〇〇〇年代初頭にかけてのいわゆる就職氷河期に、多くの若者が正社員として就職できないままフリーターとして労働市場にさまよい出ることとなったため、それまでもっぱら家計補助的な主婦パートや学生アルバイトを前提として形成されてきた非正規労働者の低賃金が社会的問題として表出してきたのです。そして、その問題の解決のために賃金制度改革が不可欠であるとするならば、上記の八代氏の発言には一定の合理性があります。

誰が賃金制度を改革するのか

しかしながら、いうまでもなく「正社員の待遇を非正規社員の水準に合わせる」だけでは、社会全体としての労働者の取り分が減ってしまうだけです。もちろん、ある部分は前章で述べたような教育費や住宅費を支える仕組みによって、賃金以外の形による再配分で補う必要がありますし、それによってこれまで生活給制度の下にあった正社員層がある時期以降、フラットな職務給に移行していく社会的条件が徐々に整ってくることも期待されます。しかし、正社員の待遇を下げることが主な目的になってしまっては、その正社員たちが同意することは不可能です。重要なのは正社員と非正規労働者の間で賃金原資をどのように再配分し、両者にとって納得できるような共通の賃金制度を構築していくかという問題でしょう。

これは、誰が賃金制度を改革するのかという問題でもあります。職務給の導入を唱道する人々は、とかくあるべき賃金制度の姿を説くことに急で、それを具体的にどういう手続きで実現していくのかという観点が欠落している傾向が見られます。しかし、賃金をはじめとする労働条件を現場の労使の意向を抜きにして天下り的に押しつけることができると考えるのは間違っています。とりわけ、生活給制度という労働者にとって生活設計の根幹に関わるような仕組みの改革を、その労働者の意に反して強制することができるなどと考えるのは、労働問題の基本的な姿勢として大きな問題があります。賃金や労働条件のあり方は労使が集団的に決める。これが産業民主主義の基本原則です。

問題は、その「労働者の意」が現実には「正社員の意」になってしまっていることでしょう。現在の日本の法制では、労働者の利害を代表するのは労働組合であるとされています。それが企業別組合という形をとっていること自体は、産業民主主義として別に問題があるわけではありません。しかし、それが正社員組合という形になっていることは、非正規労働者にとって自分たちの利害を代表してくれる組織がないということですから、産業民主主義の大きな欠落点といわざるを得ないでしょう。

実は、この点に、つまり正社員の利害を代表する労働組合しか存在しないところで、正社員と非正規労働者との間で賃金原資の再配分を行わなければならないという点に、現代の日本の雇用システムが直面する最大の問題点が存在するのです。そして前述したように、生活給から職務給へという賃金制度改革は、若年期にその働き以下の賃金しか受け取らないことで会社に「預金」しておいた分を中高年期にフルに「引き出」せなくなるということを意味するのですから、ただでさえ既得権を奪われる側にとって、そうたやすく同意できるものでもありません。産業民主主義に意義を見出さない論者であれば問題は簡単です。理論的に「正しい」賃金制度を強制すればよく、それに逆らう正社員やその組合は間違っているのだから押し切ればよい、という結論になるでしょう。しかし、労働問題における「正しさ」は上から押しつけるものではなく下から組み立てていくものだと考えるならば、それを現実に組み立てていくための仕組み――集団的合意形成の枠組み――をいかに構築するかという問題に取り組む必要があります。

非正規労働者も含めた企業レベルの労働者組織の必要性

本書で何回も繰り返してきたように、改革は現実的でなければなりません。日本の賃金制度は企業レベルで決められている以上、その改革を担う主体も企業レベルの労働者組織である必要があります。しかし、現実の企業別組合の大部分はそのメンバーシップを正社員に限定し、非正規労働者を排除しています。改革はまずここから始められるべきでしょう。

この点については、大きく分けて二つの考え方がありえます。一方には、現実の企業別組合が正社員組合になってしまっている以上、それとは別に非正規労働者も含めたすべての労働者が参加する新たな企業レベルの労働者組織を設け、そこが正社員、非正規労働者の双方の利害を調整しつつ、新たな制度の構築を担うべきだという考え方があるでしょう。他方には、現に存在する企業別組合を正社員だけの組織から非正規も含めたすべての労働者の利害を代表する組織に転換していくべきだという考え方があるでしょう。

労働組合でなければ憲法が保障する団体交渉権や団体行動権が行使できないということからすれば、労働組合ではない組織を作ってみても労働組合のような力を振るうことはできず、結局、使用者側のいいように動かされてしまうのではないか、という批判が出てきます。しかし、労働組合が本来自発的な結社であり、組合に結集したい者だけが組合員になるはずだという建前からすれば、非正規の加入を強制された労働組合など、もはや労働組合ではないということになります。

2 就業規則法制をめぐるねじれ

労働条件の不利益変更は個別労働問題なのか？

さて、現実の日本の労働法制においては、こうした集団的合意形成の仕組みに向けた発想とは逆向きの問題設定がなされ、それが固定化してきています。それは就業規則法制をめぐる問題領域に現れています。

もともと労働基準法が制定されたとき、第二条の労使対等決定原則は労働組合による集団的な決定という趣旨でした。就業規則の制定・変更の際の意見聴取義務についても、同意を求めることは労働協約の締結を強制することに等しいから、意見聴取にとどめたのだと立法担当者は述べています。実際、その後もある時期までは、就業規則をめぐる紛争はもっぱら使用者と労働組合の間の集団的な性格の紛争でした。労働組合が反対しているにもかかわらず、使用者側が一方的に不利益変更した就業規則の効力を争う内容の紛争がほとんどだったのです。

ところが高度成長期を過ぎる頃から、異なるタイプの紛争が多くなってきます。労働組合が同意した就業規則の変更に対して、それによって不利益を被る個別労働者がその無効を争うという紛争です。この種の紛争のリーディングケースとなったのが、有名な秋北バス事件最高裁判決(一九六八年一二月二五日)です。この判決で最高裁は、労働条件の統一的・画一的処理の必要性から、その変更が合理的である限り労働者が同意しなくてもその就業規則の適用を拒否できないと述べていますが、本来就業規則が有していたはずの集団的合意形成という契機は全く言及されていません。労働条件の不利益変更は個別労働問題と位置づけられてしまったのです。

この原因は意外なところにありました。就業規則の不利益変更が問題になった事件の多くが、管理職になって労働組合を「卒業」した中高年労働者に対する不利益変更に関わるものであったからです。労働組合がその利害を代表できない労働者の労働条件の不利益変更については、集団的な枠組みでの解決が望めない以上、個別労働問題として処理するしかなかったのです。

「合理性」の判断基準としての労使合意

とはいえ、その後の最高裁の判例は、上記合理性の判断基準として、こっそり集団的枠組みを導入してきました。第四銀行事件判決(一九九七年二月二八日)では、定年延長後の賃金引下げについて、原告が非組合員であったとしても、労使間の利害調整がされた結果として合理的と推測できるという言い方をしています。一方、みちのく銀行事件判決(二〇〇〇年九月七日)では、原告の加入する少数組合と合意しないまま、多数組合と合意して実施した賃金引下げを不合理だと判断しました。

内容からみれば、前者は五五歳定年を六〇歳定年に引き上げるとともに五五歳以降の賃金を引き下げたものであるのに対し、後者はもともと六〇歳定年だった企業が五五歳以降の賃金を引き下げた事件ですので、それが判断の分かれ目になったと思われます。ただ、就業規則の不利益変更が合理的かどうかを判断する際に労使合意がどれだけの意味を持つのか、という問題意識からすると、これは判例として不安定な状態ということになります。

さらにここには、管理職であるために労働組合に加入していなかったり、別の労働組合に加入したりしている労働者の労働条件を、どうして多数組合の同意によって不利益変更してもいいのか、という問題が解決されないまま残されています。管理職の労働条件を不利益変更するためには、管理職の利害も代表する組織がきちんと交渉したのでなければ納得しにくいでしょう。先に述べた労働組合に加入できる正社員と加入できない非正規労働者の問題とは異なる位相ですが、ここには管理職も含めた企業レベルの労働者の利害代表組織の必要性が顔を出しています。

労働契約法の迷走

こうした就業規則法制の状況を一定の方向に向けて解決しようとしたのが、二〇〇七年の労働契約法制定に向けた動きでした。しかし、その議論は当事者の間ですらねじれにねじれてしまいました。

まず問題を提起したのは二〇〇五年九月の「今後の労働契約法制の在り方に関する研究会」報告です。そこでは、就業規則の変更をめぐる紛争は利益紛争であり、どういう労働条件で折り合うかという問題なので、労働者の多数が合意しているかどうかを尊重すべきという考え方に基づいて、過半数組合や労使委員会の五分の四以上の多数が賛成した場合には、不利益変更の合理性を推定しようと提案しました。ただし、一部の労働者のみに大きな不利益を与える場合は別です。

ところが、議論の場が公労使三者構成の労働政策審議会労働条件部会に移ると、労働側が猛反発を始めます。当初は、「労使委員会に就業規則変更の権限を与えてしまってよいのか」といった労働組合としては当然の意見が中心でしたが、やがて契約法という市民社会のルールを強調して、過半数組合の判断を尊重することに対しても否定的な意見を示すに至りました。現在の過半数組合の行動に信頼がおけないという判断はそれとしてあり得るかも知れませんが、労働組合の代表が労働組合の権限拡大を否定するというのは奇妙な事態というべきでしょう。多くの労働法学者も契約原理を掲げて批判にまわりました。

結局、成立した労働契約法においては、当初検討された労使委員会制度は影も形もなくなり、「使用者が就業規則の変更により労働条件を変更する場合において、変更後の就業規則を労働者に周知させ、かつ、就業規則の変更が、労働者の受ける不利益の程度、労働条件の変更の必要性、変更後の就業規則の内容の相当性、労働組合等との交渉の状況その他の就業規則の変更に係る事情に照らして合理的なものであるときは、労働契約の内容である労働条件は、当該変更後の就業規則に定めるところによるものとする」(第一〇条)という規定に落ち着いてしまいました。「労働組合等との交渉の状況」は、不利益変更の合理性判断においてせいぜい四番目に考慮される程度の要素に過ぎません。

ここには、産業民主主義の精神が希薄化し、労働問題を個別労働者の契約問題と考えがちな今日の労働法学の問題点が現れていると見ることもできます。しかし、より重要なのは、ほとんどが正社員組合であり、中高年の管理職や非正規労働者の加入していない現在の過半数組合を、すべての労働者の利害を公正に代表すべき立場に置くことへのためらいが、集団的合意形成の促進という労働法が本来追求すべき目的を立法課題から追いやる結果になってしまっているということではないかと思われます。

3 職場の労働者代表組織をどう再構築するか

労働者代表組織のあり方

現実の企業別組合が正社員組合である以上、それとは別に非正規労働者も含めたすべての労働者が参加する新たな労働者組織を設けるのか、それとも現在の企業別組合を正社員だけの組織からすべての労働者の利害を代表する組織に転換するのか。労働組合の自発的結社としての性格が重要であると考えるならば、代表民主主義の必要性は別の組織が担うべきでしょう。しかしながら、日本の企業別組合には加入したい労働者が自主的に加入する結社という性格が極めて希薄で、ある企業の正社員になれば自動的に組合員になる半ば公的な代表組織という性格が極めて強かったことを考えると、これはいささか観念的に聞こえます。

EU諸国では、労働組合は基本的に産業レベルで結成される労働者の自発的結社であり、同じく産業レベルの使用者団体との間で賃金その他の労働条件について団体交渉を行い労働協約を締結するのが主な任務ですから、職場の労働者代表組織はこれとは別に公的な性格の機関として設けられるのが原則です。もっとも細かく見ると、法的に労働組合とは全く別に職場レベルの労働者代表組織が設けられるドイツなどの諸国と、労働組合の職場支部が法律上の労働者代表組織として活動するスウェーデン、その双方が併存するフランスなど、そのあり方はさまざまです。必ずしもドイツ型が優越的であるわけではありません。ただ、どのような形であれ、労働者代表組織である以上職場のすべての労働者の利益を公正に代表しなければならないことはいうまでもありません。

ＥＵには、労働者代表組織にさまざまな権限を与える指令がいくつか制定されています。集団整理解雇指令は、リストラクチュアリングで一定人数以上の集団整理解雇を行う場合には、合意に達する目的を持って、労働者代表に協議しなければならないと定めていますし、企業譲渡指令は、営業譲渡や合併などの企業組織変動に際して、やはり合意に達する目的を持って労働者代表に協議せよと求めています。さらに一般労使協議指令は、企業経営の状況や特に雇用に関わる計画について、定期的に情報を提供し協議することを要求しています。

こうした機能を担う組織が、使用者側からの独立性とともに、すべての労働者の利益を代表する公正さを兼ね備えていなければならないことは明らかです。

過半数組合と労使委員会

先に述べた労働契約法の議論の中で労働者代表組織として提起されたのは、過半数組合と労使委員会でした。これらはそれぞれ、公正さと独立性という点に問題を抱えた組織です。

現在の正社員組合が職場の過半数を占めているからといって、その過半数組合がそのまま職場の労働者代表組織になってしまったら、それに加入できない非正規労働者や中高年の管理職は、その利益を代表してもらえないまま、自分たちの関知しないところで行われた決定を押しつけられることになります。これは産業民主主義の趣旨に反するといわなければなりません。最後は多数決で決めるのだから同じではないかというわけにはいきません。さまざまな利害を持つ者が議論を尽くして、少数者の利益も配慮しながら最終決定するのが、(産業民主主義に限らず)民主主義の本来の姿でしょう。

現実には、特に商業・サービス業を中心として、非正規労働者の割合が極めて大きくなり、正社員だけでは到底過半数組合にならない職場が増えています。正社員は店長一人であとはすべてアルバイトという外食産業などはその典型でしょう。UIゼンセン同盟など一部の労働組合ではパートの組織化などに取り組んでいますが、なかなか追いつく状況ではないようです。

一方、労使委員会はすでに労働基準法で企画業務型裁量労働制を導入する要件として規定されていますが、その要件は過半数組合または過半数代表者が半数を指名していることとされていて、指名者である過半数代表者自身は現行法と同様ほとんど規制がされていない状態です。一応、労働基準法施行規則第六条の二によって、管理監督者でないことと投票・挙手などにより選出されたことという要件が規定されていますが、裁判に訴えでもしない限り、これを公的にチェックする仕組みにはなっていません。現実には中小企業を中心に、使用者が一方的に指名した過半数代表者が多いようです。そのような過半数代表者と使用者が半数ずつ指名した労使委員会に就業規則の不利益変更を認める権限を与えることへの労働側の反発には、それなりの正当性があったといえます。

こうしてみると、現在の過半数組合にも労使委員会にも、あるべき労働者代表組織としての資格は乏しいといわなければなりません。

新たな労働者代表組織の構想

就業規則の不利益変更のような労働者間の利害調整機能を適切に果たすためには、どのような労働者代表組織が必要なのでしょうか。

まず、あるべき労働者代表組織は純粋な自発的結社であってはいけません。特定の利害を持つ人々が自発的に集まって自分たちだけの利害を守ろうとする組織であってはなりません。したがって、もし自発的結社であることが労働組合の最重要の要件であるならば、この組織は労働組合ではあり得ません。しかし、現実の日本の企業別組合は、正社員として就職すれば自動的に加入し、管理職になれば自動的に脱退する事実上の代表機関であったわけですから、むしろそれを正社員だけでなく非正規労働者も含めすべての労働者が自動的に加入する組織として位置づけ直すならば、そのギャップは小さいように思われます。

もう一つ、あるべき労働者代表組織は使用者から独立したものでなければなりません。これを担保するためには、現在労働組合に与えられている不当労働行為制度のような仕組みを新たな労働者代表組織にも適用する必要があります。実際、連合の「労働者代表法案」では、過半数組合がない場合の労働者代表委員会について、不利益取扱いの禁止や支配介入の禁止が規定されています。もし新たな労働者代表組織が労働組合であるとみなせるならば、労働組合法を適用すればよいので簡単です。

また、労働者間の利害調整を果たすために、ある職場で働く労働者がすべて加入を強制される組織であるならば、その機能のために成員から組合費を徴収することも矛盾します。ＥＵ諸国では、労働組合支部が職場の労働者代表機能を果たす場合には使用者がその費用を負担することとされています。

この問題は、白地に絵を描くことができるのであれば話は簡単なのですが、現に企業別組合が正社員に限ってではあっても労働者代表組織としての性格をもって存在している以上、その存在意義を否定する方向への改革は事実上不可能です。労働者間の利害調整の仕組みを設けるための代表組織作りが、それ自体への労働組合の猛反発により挫折してしまっては、何の意味もないでしょう。その結果は、労働者間の利害調整などでは問題は解決しないという諦めであり、「正しい」賃金制度を組合の抵抗を押し切って労働者に強制するしか道はないという一種の「啓蒙専制主義」であり、つまり産業民主主義の否定です。

それを避けるためには、法的にはさまざまな困難があるにしても、現在の企業別組合をベースに正社員も非正規労働者もすべての労働者が加入する代表組織を構築していくことが唯一の可能性であるように思われます。実は、戦後日本の企業別組合の前身は戦時中の産業報国会であり、戦前は身分が隔絶していたホワイトカラー職員とブルーカラー労働者を包括する労働者代表組織として上から強制的に作られたという歴史を持っています。その意味では、正社員と非正規労働者を包括する新たな労働者代表組織の基盤として企業別組合こそふさわしいということができるかも知れません。

■コラム■　労働NGOとしてのコミュニティユニオン

以上述べてきたような職場の代表組織としての労働組合の性格を強調する考え方に対して、近年強く主張されているのは自発的結社としての労働組合の性格をより強調する考え方です。実は終戦直後から日本的な企業別組合を脱却して産業別・職業別組合を構築すべきという議論が繰り返し行われてきましたが、日本型雇用システムの支柱としての企業別組合がゆらぐことはありませんでした。そこで近年の議論は、個人加盟のコミュニティユニオンに期待を寄せるようになっています。

コミュニティユニオンとは誰でも一人でもメンバーになれる企業外の労働組合で、未組織の中小企業労働者をはじめ、パートタイマーや派遣労働者、あるいは管理職といった企業別組合から排除されてきた労働者が多く参加しています。その主たる活動はこういった労働者に関わる個別紛争の処理です。

もともと日本の労働法制は個別紛争処理のための仕組みを用意しておらず、不当な取扱いを受けた労働者は費用と時間のかかる民事訴訟をするか、泣き寝入りをするかしか道はありませんでした。近年、個別労働紛争解決促進法に基づき、都道府県労働局で労働相談を行い、必要に応じて労働局長の助言指導や斡旋委員による斡旋が行われるようになりましたし、司法部門においても労働審判法が制定され、裁判官と労使出身の審判員からなる労働審判が利用されるようになりましたが、それまでは公的なルートはほとんどありませんでした。

そこで、本来は集団的な利益紛争の解決のために設けられた労働組合法や労働関係調整法に基づく法的枠組みが、個別的な権利紛争の解決のために活用されてきたのです。現行法上、労働組合には団体交渉権が保障され、正当な理由なく団体交渉を拒否すると不当労働行為になります。そこで、解雇や雇止め、労働条件の切下げやいじめ・嫌がらせといった個別事案を抱える労働者が、企業外のコミュニティユニオンに駆け込み、その組合員となって使用者に団体交渉を申し入れると、複数組合平等主義に立つ現行法の下では、使用者はその団体交渉に応じなければなりません。拒否すると不当労働行為として労働委員会から団交応諾命令が発せられます。

この形式的には集団的ですが、実質的には個別的な「団体交渉」は、個別紛争を解決する上でかなり有効に機能してきました。近年の研究では、団体交渉を申し入れた事件の約八割が自主解決により終結しています。その意味で、コミュニティユニオンが社会的に存在意義の大きい団体であることは間違いありません。

しかしながら、制度の本来の趣旨とあまりにもかけ離れてしまった実態をそのままにしていいのかという問題はあります。これは、やり方によってはせっかく確立してきた純粋民間ベースの個別紛争処理システムに致命的な打撃を与えかねないだけに、慎重な対応が求められるところですが、やはり個別は個別、集団は集団という整理をつけていく必要があるのではないでしょうか。少なくとも、現行集団的労使関係法制が主として個別紛争解決のために使われているという現状は、本来の集団的労使関係法制の再構築を妨げている面があるように思われます。現実にコミュニティユニオンが果たしている個別紛争処理の機能を集団的労使関係法制ではなく個別労使関係法制の領域において維持しうるような、適切な立法政策が求められます。それは、端的にいって個別労働者の権利擁護のための労働NGOというべきものでしょう。もちろん、それは労働組合法上の多様な労働組合の機能の一つとして規定してもいいのですが、その労働NGOが依頼者たる個別労働者のための代理人として使用者と「交渉」し得るような法制度を考案していく必要があるように思われます。■

4　新たな労使協議制に向けて

整理解雇法理の再検討

先に検討した就業規則の不利益変更問題の方向性は、正社員と非正規労働者、中高年労働者と若年労働者、男性労働者と女性労働者など、さまざまな労働者内部の利害対立を、集団的な枠組みで解決しようというものでした。すべての労働者が参加する労働者組織を通じて労働者間の利害調整を図るというのは、職場というミクロな場における政治過程としてものごとを捉えるということでもあります。そして、政治というものが深刻な様相を呈するのが利益の配分よりもむしろ不利益の配分をめぐってであるように、賃上げのような利益配分問題よりも、不利益配分問題においてこそ、ミクロな場の産業民主主義がその質を問われます。

就業規則の不利益変更よりもさらに重い不利益配分問題が整理解雇です。整理解雇とは、不況や技術変化などのために企業が経営不振に陥り、企業が労働者にその遂行を求めるべき職務が絶対的に減少することから、それを遂行すべき労働者数を減らさざるを得ず、誰かを解雇しなければならないという事態です。能力不足や非違行為といった労働者自身に原因がある解雇ではありませんから、これこそ究極の労働者内部の不利益配分問題です。ここで、特定の労働者にのみツケを回すのではない形で、すべての労働者の利害を踏まえた一定の結論を導くことができるか否かが、ミクロの産業民主主義の試金石といえるでしょう。

この点で、裁判所が企業のとった行動をいちいち内容にわたって審査し、それに基づいて整理解雇の有効無効を判断するという現在の整理解雇法理は、ミクロの産業民主主義のダイナミズムを軽視しており、根本的に見直す必要があるように思われます。第1章でみたように、その四要件といわれるものは、一九七〇年代のリストラの際に多くの大企業労使が採用した基準を判例法理として定式化したものですが、重要なのはその具体的な内容ではなく、労使がそれに合意したという事実です。妻が専業主婦であることを前提に、長時間残業や遠距離配転になんら問題がなかった時代に作られた判例法理を、夫婦共働きが当たり前で、ワークライフバランスを最優先すべき現代にそのまま適用していくことは、かえって労働者にとって不利益をもたらす可能性があるのです。

第1章では第二要件の解雇回避努力義務について問題点を指摘しましたが、第三要件の被解雇者選定基準についても、そもそも裁判所が誰を先に解雇していいとか悪いなどと判断することがどこまで適切なのでしょうか。非正規労働者を先に雇い止めすべきという判例法理が確立しているだけでなく、男女雇用機会均等法以前とはいいながら、既婚女性は生活に困らないからという理由でその基準を認めた最高裁の判決（古河鉱業事件〔一九七七年一二月一五日〕）すらあります。これはさすがに今では維持されないでしょうが、たとえば生産性に比べて人件費が高い四五歳以上の者というような基準（エヴェレット汽船事件東京地裁判決〔一九八八年八月四日〕）は、生活給制度の下では今なお合理性が認められやすいでしょう。

整理解雇の正否を裁判所による実体要件の判断に委ねるということは、こういった問題を労働者内部の利害調整によって解決していくという産業民主主義の回路の意義を失わせる危険性があります。もちろん、整理解雇法理の第四要件は労働者側との協議という手続要件を挙げていますが、司法関係者はとかく裁判官が実体的に判断すべき要件に関心を集中させ、この第四要件を単なる手続要件として軽視するきらいがあります。しかし、本章で述べてきた産業民主主義の再構築という観点からすると、手続要件こそが他のいかなる要件にもまして最重要の要件でなければならないはずです。

これは、EUおよびEU諸国のリストラ法制が採用している考え方です。EUの集団整理解雇指令は石油ショック後の一九七五年に制定されたもので、日本の整理解雇法理と同時代的な性格を有していますが、そこで求められているのは労働者代表への情報提供および協議の義務と、その労使協議の状況を含めた集団整理解雇計画に関して公的機関に通知する義務だけです。つまり、もっぱら手続面だけを規制しているのです。労使協議を形式だけに終わらせずきちんと行わせるために、通知後三〇日間(場合によっては六〇日間)は解雇の効力は生じないという規定もありますが、解雇を回避するために何をすべきかとか、誰から先に解雇すべきかといった実体面に関わることは、まさに労使が協議すべきこととして、指令は一切触れていません。

各国法制では、例えば被解雇者選定基準について、スウェーデンのように勤続年数の短い者から先に解雇せよという基準を示しているものもあります。これが可能であるのは、生活給制度ではない欧州諸国では、まだ未熟な若者よりも長年働いて技能水準の高い中高年者の方がコストパフォーマンスが高いという面もあるのでしょう。

日本型労使協議制の光と影

ここで奇妙なことに気がつきます。EUでは行為規範として、通常の状況にあっては定期的に、とりわけ整理解雇をはじめとする企業リストラクチュアリングの際に、企業の労働者代表への経営状況などの情報提供や雇用に関わる措置についての協議を義務づけています。言い換えれば労働者代表の企業経営への一定の関与権を定めているのです。これに対して、日本にはそのような行為規範は存在せず、裁判規範における事後的な整理解雇の有効性判断基準としてのみ、労働組合への協議の有無が用いられているに過ぎません。

日本の労働組合法制は自発的結社としての労働組合像に立脚しており、戦後六〇年以上にわたって現実の姿であった労働者代表組織としての性格とは必ずしも整合的ではありません。そのため、同法は企業経営への労働組合の関与権を一切規定していないのです。労働者が企業の外側で団結し、団体交渉を要求し、労働協約を締結することを前提に、そういった活動を不当労働行為制度で保護することにはたいへん手厚いのですが、企業の内側で労働者代表として経営に関わる活動をすること自体にはほとんど保障がありません。逆に、労働組合への経費援助が支配介入として不当労働行為になることに象徴的に示されるように、労働者代表制度を御用組合として忌避するアメリカ型の対立的労使関係モデルを強制している面すらあります。

しかしながら、歴史的経緯から日本の労働組合はもっぱら企業別組合となり、その出発点において極めて包括的かつ強力な経営参加権を勝ち取り、その後それが労使協議制に再編されていくという経過から、企業経営への関与こそが労働組合活動の中心的位置を占めるという状況が形成されてきました。

例えば、終戦直後に頻繁に行われた争議戦術はストライキではなく生産管理闘争でした。これは、当時ごく少数の経営幹部を除き、経営実務に当たってきたホワイトカラー労働者がこぞって労働組合に参加したため、労働組合による生産管理が現実に可能であったことが大きいですが、現在の観点からすれば過激な形態による経営参加の試みであったともいえます。これが違法と判断されたあとも、恒常的な経営参加の仕組みとして多くの労働組合は労働協約により経営協議会を設置し、労働条件のみならず、人事、経理や人事方針まで協議の対象としていきました。政府も一九四六年七月、中央労働委員会の経営協議会指針によって、その発展を促進しようとしました。

その後、経営側が立ち直り、戦闘的な労働運動が敗北していく中で、経営協議会システムはいったん表舞台から退きますが、一九五〇年代半ばから生産性向上運動の枠組みの中で、より協調的な形での労使協議制が拡大していき、一九七〇年代の石油ショックでは正社員の雇用維持のためのメカニズムとして大きな役割を果たしました。このときの大企業労使の行動パターンが裁判所に規範として採用され、前述の整理解雇法理として確立していったのです。

日本の法制度の逆説的なところは、こういった企業経営への関与を中心とする労使協議制が現実の企業別組合の活動の中心でありながら、それがなんら法的担保を持たず、個別企業レベルの労使合意に委ねられているという点にあります。

逆説的というのは、労働組合法は労働条件決定における対立的労使関係を前提とし、そこにおける労働組合活動を強化するための不当労働行為制度は完備しているものの、それが企業経営への関与の担保とはならないからです。したがって、労働組合がある場合ですら、企業経営への関与は協調的労使関係が維持されている限りの事実上のものに過ぎず、法律上の権限ではありません。ましてや、労働組合がない場合や、あっても少数組合で協調的労使関係にない場合、企業経営への関与は事実上も法律上も存立の基盤がないのです。

今日喫緊に必要なのは、どのような労使関係状況であっても常に適用されるべき労使協議制を法律に基づく義務規定として設けることでしょう。そして、その際重要なのは、企業のリストラクチュアリングについて協議を受ける労働組合は、就業規則の不利益変更の場合にもまして、特定の利害を有する人々の自発的結社であってはならないということです。正社員と非正規労働者を包括する公正な労働者代表組織が判断するのでなければ、誰が先に解雇され、誰が残るかという判断に納得を得られることはあり得ないからです。

■コラム■　フレクシキュリティの表と裏

近年、解雇規制を緩和すべきという議論の中で、「フレクシキュリティ」という言葉をよく耳にするようになりました。これはＯＥＣＤやＥＵの雇用戦略の大きな柱ですが、必ずしもきちんと理解されているとは言いがたい面もあります。

フレクシキュリティとは「フレクシビリティ」（柔軟性）と「セキュリティ」（安定性）を組み合わせた言葉ですが、フレクシビリティもセキュリティも多義的な言葉ですので、その組み合わせはさらに多義的な言葉になります。ＥＵの雇用戦略の文脈では、主として次の二つのフレクシキュリティがモデルとして提示されています（オーストリアが第三のモデルとされることもあります）。

第一はいわゆるオランダモデルで、柔軟性とはパートや派遣などさまざまな雇用形態を選択できることを、安定性とはどの雇用形態を選択しても均等待遇が保障されることを意味します。二〇〇二年に話題になった多様就業型ワークシェアリングの本来の姿でもあります。これは、ＥＵのパート、有期、派遣各指令を通じて、ＥＵ各国の法制に相当程度組み込まれてきています。

もう一つが、いわゆるデンマークモデルです。これを唱道したのはＯＥＣＤでした。ＯＥＣＤはもともと一九九〇年代にはネオリベラルな規制緩和路線を唱道していましたが、二〇〇〇年代に入ってからＥＵ型の社会的統合を重視する政策に接近してきました。しかし、それとともに排除された人々の統合のためには労働者の既得権を縮小すべきという考え方も明確に打ち出すようになりました。これを明確に示したのが「二〇〇四年版雇用見通し」です。その第二章(雇用保護規制と労働市場パフォーマンス)は、雇用保護が希薄で流動性の高いデンマークの労働市場をモデルに挙げて、このフレクシビリティと寛大な福祉制度(特に失業保険制度)と積極的労働市場政策のセキュリティの組み合わせこそが望ましいモデル(ゴールデントライアングル)だと主張しました。OECDの狙いは、あえて社会民主主義的な北欧モデルの一種をあるべきモデルとして推奨することによって、雇用保護規制の緩和をネオリベラルな主張ではなく、むしろ主流から排除された人々の統合のためのソーシャルな主張として売り込もうという意図があったように思われます。

ただ、デンマークモデルを考えるに当たっては、同国が他の北欧諸国と同様、労働組合の組織率が極めて高く、全国レベルの労使交渉によりものごとを決めている社会であるという点を無視することはできません。特に、失業保険がゲントシステム、すなわち労働組合の共済活動に国が補助する形で行われていることや、労使関係の枠組みがほとんど全て中央レベルの労使団体間の労働協約によって決定され、実行されている国であり、議会制定法は最小限にとどめられていることは重要です。このようにマクロな労使関係を中心に国の政治が構築されている社会のあり方をコーポラティズムと呼びますが、そのような文化の希薄な社会に外形だけデンマークモデルを移植しようとしてもうまくいかないであろうと、ＥＵも警告しています。

　やや誇張した言い方をすれば、デンマーク社会全体が一つのグループ企業のようなもので、その労使間でルールを定め、みんなで守っていくという仕組みだといってもいいかも知れません。そうすると、解雇自由といってもそれはある子会社から配転することが自由だという意味に過ぎませんし、失業給付もグループ内のある子会社から他の子会社に配転される間の休業補償のようなものですから、その間教育訓練を受けて早く新たな子会社に赴任しようとするのも不思議ではないわけです。

　だとすると、ＯＥＣＤのいうデンマークの「ゴールデントライアングル」は、コーポラティズムという最も重要な要素を意図的に抜きにして、解雇が自由で失業給付が手厚く労働市場政策に熱心という現象面のみを取り出したものであり、やや詐欺商法的な匂いがつきまといます。■

5　ステークホルダー民主主義の確立

三者構成原則への攻撃

いささか皮肉なことに、日本で解雇の自由を唱える論者は、デンマークのようにマクロな労使関係を中心に国の政治を運営していくことに共感するどころか、労働者の利害を代表する労働組合を労働立法などの政策決定過程から排除することにたいへん熱心なようです。

これを見事に示したのが、二〇〇七年五月に内閣府の規制改革会議労働タスクフォースが公表した「脱格差と活力をもたらす労働市場へ――労働法制の抜本的見直しを」と題する意見書でした。福井秀夫氏が中心となって執筆した同文書は、内容的にも解雇規制、派遣労働、最低賃金など労働法のほとんど全領域にわたって徹底した規制緩和を唱道するものでしたが、特に注目すべきは労働政策の立案のあり方として確立している三者構成原則(労働政策の意思決定において政労使の三者が参画すべきというILOの原則)に対して本質的な疑義を提起した点です。以下そのまま引用しましょう。

「現在の労働政策審議会は、政策決定の要の審議会であるにもかかわらず意見分布の固定化という弊害を持っている。労使代表は、決定権限を持たずに、その背後にある組織のメッセンジャーであることもないわけではなく、その場合には、同審議会の機能は、団体交渉にも及ばない。しかも、主として正社員を中心に組織化された労働組合の意見が、必ずしも、フリーター、派遣労働者等非正規労働者の再チャレンジの観点に立っている訳ではない。特定の利害関係は特定の行動をもたらすことに照らすと、使用者側委員、労働側委員といった利害団体の代表が調整を行う現行の政策決定の在り方を改め、利害当事者から広く、意見を聞きつつも、フェアな政策決定機関にその政策決定を委ねるべきである。」

ここには位相の異なる二つの指摘が含まれています。一つは、原理的に利害関係者が調整を行う政策決定のあり方自体を否定し、(おそらくは福井氏自身のような?)法と経済学をわきまえた学識者の主導によって政策決定がなされるべきであるという次元です。もう一つは利害関係者による政策決定自体の正当性はとりあえず認めたとしても、現実の政策決定過程において労働者の利害代表者として登場する労働組合が、現実には正社員のみの利害を代表する者でしかなく、非正規労働者の利害を適切に代表し得ていないのではないかという次元です。この二つの次元をきちんと峻別して議論しなければ、問題設定が混乱するばかりで、意味のある議論にはなり得ないでしょう。

後者については、本書が全体として論じてきたように、労働組合のみならず労働政策に関わる者すべてが真剣に取り組むべき課題です。派遣労働法制にせよ、有期労働法制にせよ、その形態で働く労働者の利害を組織的に代表し得ていない労働組合が利害関係者として立法に参加する資格があるのか？　という問いに答えることなく、現実の三者構成のあり方をそのまま擁護することは困難になると考えるべきでしょう。ここまで述べてきたように、まさにこの点を改革して、正社員と非正規労働者を包括する公正な労働者代表組織として企業別組合を再構築することが、現実に可能な唯一の道であるように思われます。

一方、そもそも利害代表者による政策決定自体の正統性を否定した前者の次元については、労働政策の基本原則に関わる問題ですので、歴史的経緯や国際的な動向にも目を配りつつ、突っ込んで考えてみたいと思います。

三者構成原則の現状と歴史

労働立法といえども立法ですから、憲法第四一条に従い、「国権の最高機関であって、国の唯一の立法機関である」国会が制定します。内閣は「議案を国会に提出」(第七二条)することができます。行政府が法律案をどのように策定すべきかを一般的に定めた法令は存在しませんが、厚生労働省設置法第九条は「厚生労働大臣の諮問に応じて労働政策に関する重要事項を調査審議すること」などを労働政策審議会の所掌事務と定めています。この審議会が他の多くの審議会と異なるのは、「委員は、労働者を代表する者、使用者を代表する者及び公益を代表する者のうちから、厚生労働大臣が各同数を任命する」（労働政策審議会令第三条）と、公労使三者構成原則を明記している点です。

これは二〇〇一年の行政機構改革以降の姿ですが、それ以前は労働基準法、職業安定法など各分野ごとの法律に、労働基準審議会、職業安定審議会などの審議会が規定され、そのすべてについて公労使三者構成原則が明記されていました。そして、労働立法はすべて三者構成審議会の審議を経て内閣提出法案となるという仕組みが継続されてきたのです。

労働政策について政労使三者協議体制を要求しているのは国際労働機関（ＩＬＯ）です。ＩＬＯ憲章第三条は、条約や勧告を採択する総会の各国代表を政府二名、労使各一名と定めています。またＩＬＯ第一四四号条約は、国際労働基準の実施措置について政府、労使の代表者間での三者協議を要求し、ＩＬＯ第一五〇号条約は、労働行政制度の定義の中に労使団体との協議や参加の制度を含めています。日本の制度はこれを審議会という枠組みの中で実施しているものといえるでしょう。

日本の政策決定過程への三者構成原則の導入は、敗戦後占領下で急速に進みました。一九四五年一〇月に設置された労務法制審議委員会は、官庁一〇名、学識者七名、事業主六名、労働者五名、議員六名という変則的な形でしたが、労使がほぼ対等に立法過程に参加したという点で三者構成の出発点といえます。その後労働基準法や職業安定法にも同じく公労使三者構成の機関が設けられ、この仕組みが労働政策各分野に拡大しました。以後、労働省は三者構成原則を前面に打ち出すことにより、外部からの圧力を回避しながら、労使のバランスをとって政策を決定してきました。

ところが一九九〇年代には規制緩和の波が高まり、労働省はすでに閣議決定された規制緩和路線を実行する役割に甘んじるようになりました。いかに労働省の審議会で三者構成が確保されていても、審議を始める前にすでに外堀は埋まっているということになると、労働側の不満は残ります。このため、近年の労働立法過程はかつてのように円滑ではなく、国会提出後に労働側が野党へのロビイングによって修正を勝ち取るという形が増えています。

ステークホルダー民主主義の確立に向けて

日本の場合、政府が事務局として黒子になり、学識者を表に立てるというやや特殊な形になっていますが、基本思想は労働関係における国際基準である政労使三者構成原則に基づいています。三者構成原則とは、憲法上立法の主体であるべき政府と、その実質的内容を決定すべき労使二者を組み合わせて政労使三者としたものです。労使二者はいずれも利害が相対立する包括的集団ですから、その間の交渉によって双方を規制する規範を設定する能力があります。それを基盤とした立法としての効力を付与することが三者構成原則の本質なのです。

これを明快に示しているのが、労働協約の一般的拘束力制度と最低賃金の三者構成的決定制度でしょう。労使はその交渉により自発的に労働協約を締結し、その成員について一定の賃金額未満では雇用しないという規範を設定することができます。これは二者構成の労使自治です。しかし、労使団体がすべての使用者や労働者をカバーしていない場合、アウトサイダーがこれに反する行動をとる可能性があります。それを防止するために、国がこの労働協約に一般的拘束力を付与し、他の使用者や労働者に強制することがあります。労働組合が産業別に組織されている西欧諸国では一般的に見られる制度です。

その代わりに日本では、三者構成の最低賃金審議会において事実上労使交渉により最低賃金額を設定し、これを国の法令として使用者や労働者に強制するという仕組みがあります。この両者は、実体的には労使の賃金交渉と政府の公権力行使の組み合わせです。中味を決めるのは労使という自律的利害対立集団であり、そこで成立した妥協に法的強制力を付与するのが政府の役割です。

このように見てくると、規制改革会議の意見書に典型的な利害関係者の関与を排除する考え方と三者構成原則の対立の背後には、民主主義をどのように捉えるかという政治哲学上の対立が潜んでいることが浮かび上がってきます。

前者において無意識のうちに前提されているのは純粋な代表民主制原理、すなわち国民の代表たる議員は社会の中の特定の利害の代表者であってはならず、その一般利益のみを代表する者でなければならないという考え方でしょう。それをもっとも純粋に表現したものがフランス革命時に制定された一七九一年のル・シャプリエ法です。同法はあらゆる職業における同業組合の結成を刑罰をもって禁止しました。団結の禁止とは、個人たる市民のみが国家を形成し、その間にいかなる中間集団をも認めないという思想です。

それに対してEC条約やEU諸国のさまざまな制度には、社会の中に特定の利害関係が存在することを前提に、その利害調整を通じて政治的意思決定を行うべきという思考法が明確に示されています。歴史社会学的には、これは中世に由来するコーポラティズムの伝統を受け継ぐものです。この考え方が、中世的なギルドや身分制議会の伝統が革命によって断ち切られることなく段階的に現代的な利益組織に移行してきた神聖ローマ帝国系の諸国に強く見られるのは不思議ではありません。コリン・クラウチはその著書の中で、中世の伝統と社会民主主義が結合して二〇世紀のコーポラティズムを生み出したと説明しています。

大衆社会においては、個人たる市民が中間集団抜きにマクロな国家政策の選択を迫られると、ややもするとわかりやすく威勢のよい議論になびきがちです。一九九〇年代以来の構造改革への熱狂は、そういうポピュリズムの危険性を浮き彫りにしてきたのではないでしょうか。社会システムが動揺して国民の不安が高まってくると、一見、具体的な利害関係から超然としているように見える空虚なポピュリズムが人気を集めがちになります。これに対して利害関係者がその代表を通じて政策の決定に関与していくことこそが、暴走しがちなポピュリズムに対する防波堤になり得るでしょう。重要なのは具体的な利害です。利害関係を抜きにした観念的抽象的な「熟議」は、ポピュリズムを防ぐどころか、かえってイデオロギーの空中戦を招くだけでしょう。

利害関係者のことをステークホルダーといいます。近年「会社は誰のものか?」という議論が盛んですが、「会社は株主のものだ。だから経営者は株主の利益のみを優先すべきだ」という株主(シェアホルダー)資本主義に対して、「会社は株主、労働者、取引先、顧客などさまざまな利害関係者の利害を調整しつつ経営されるべきだ」というステークホルダー資本主義の考え方が提起されています。そのステークホルダーの発想をマクロ政治に応用すると、さまざまな利害関係者の代表が参加して、その利益と不利益を明示して堂々と交渉を行い、その政治的妥協として公共的な意思を決定するというステークホルダー民主主義のモデルが得られます。利害関係者が政策決定の主体となる以上、ここでは妥協は不可避であり、むしろ義務となります。妥協しないことは無責任という悪徳なのです。労働問題に関しては、労働者代表が使用者代表とともに政策決定過程にきちんと関与し、労使がお互いに適度に譲り合って妥協に至り、政策を決定していくことが重要です。

現在、厚生労働省の労働政策審議会がその機能を担う機関として位置づけられていますが、政府の中枢には三者構成原則が組み込まれているわけではありません。そのため、経済財政諮問会議や規制改革会議が政府全体の方針を決定したあとで、それを実行するだけという状況が一般化し、労働側が不満を募らせるという事態になったのです。これに対し、経済財政諮問会議や規制改革会議を廃止せよという意見が政治家から出されていますが、むしろこういったマクロな政策決定の場に利害関係者の代表を送り出すことによってステークホルダー民主主義を確立していく方向こそが目指されるべきではないでしょうか。

例えば、現在、経済財政諮問会議には民間議員として経済界の代表二名と経済学者二名のみが参加していますが、これはステークホルダーの均衡という観点からはたいへんいびつです。これに加えて、労働者代表と消費者代表を一名ずつ参加させ、その間の真剣な議論を通じて日本の社会経済政策を立案していくことが考えられます。それは、選挙で勝利したという政治家のカリスマに依存して、特定の学識者のみが政策立案に関与するといった「哲人政治」に比べて、民主主義的正統性を有するだけでなく、ポピュリズムに走る恐れがないという点でもより望ましいものであるように思われます。

参考書

本書では、現在論点となっている問題を分析する上で歴史的な視点とEUとの比較の視点を随所で用いましたが、それぞれについて詳しく知りたい方は次の著書を参照していただければと思います。

濱口桂一郎『日本の労働法政策』労働政策研究・研修機構、二〇一八年

濱口桂一郎『団結と参加――労使関係法政策の近現代史』同、二〇二一年

本書の素材となった諸論文は、現在発売中の書籍雑誌に収録されているものを除き、原則としてすべてわたしのホームページ(http://hamachan.on.coocan.jp/)に収録してあります。各項目について、本書では軽く触れるだけにとどめた歴史的な経緯やEUの状況を詳しく説明していますので、いわばエグゼクティブサマリーに対する詳細版としてお読みいただくことができるでしょう。

また、わたしのブログ(http://eulabourlaw.cocolog-nifty.com/)では、随時さまざまな問

題をとらえて評論を試みていますので、気が向けば覗いてみてください。労働関係では最も中身の濃いブログの一つだと自負しています。ちなみに、本書が成るに至る出発点となった『世界』誌掲載の諸論文も、ブログの記事に注目された岩波書店の伊藤耕太郎さんに執筆を依頼されて書いたものです。

濱口桂一郎

1958年 大阪府生まれ
1983年 東京大学法学部卒業．同年労働省に入省．
東京大学客員教授，政策研究大学院大学教授をへて，現在，労働政策研究・研修機構労働政策研究所長
専門 ― 労働法，社会政策
著書 ―『ジョブ型雇用社会とは何か』(岩波新書，2021年)
『日本の雇用と労働法』(日経文庫，2011年)
『日本の労働法政策』(労働政策研究・研修機構，2018年)
『日本の雇用紛争』(労働政策研究・研修機構，2016年)
『団結と参加』(労働政策研究・研修機構，2021年)

新しい労働社会
―雇用システムの再構築へ　　岩波新書(新赤版)1194

2009年7月22日　第1刷発行
2023年2月24日　第14刷発行

著　者　濱口桂一郎《はまぐちけいいちろう》

発行者　坂本政謙

発行所　株式会社 岩波書店
〒101-8002 東京都千代田区一ツ橋 2-5-5
案内 03-5210-4000　営業部 03-5210-4111
https://www.iwanami.co.jp/

新書編集部 03-5210-4054
https://www.iwanami.co.jp/sin/

印刷製本・法令印刷　カバー・半七印刷

ISBN 978-4-00-431194-2　　Printed in Japan

岩波新書新赤版一〇〇〇点に際して

ひとつの時代が終わったと言われて久しい。だが、その先にいかなる時代を展望するのか、私たちはその輪郭すら描きえていない。二〇世紀から持ち越した課題の多くは、未だ解決の緒を見つけることのできないままであり、二一世紀が新たに招きよせた問題も少なくない。グローバル資本主義の浸透、憎悪の連鎖、暴力の応酬——世界は混沌として深い不安の只中にある。

現代社会においては変化が常態となり、速さと新しさに絶対的な価値が与えられた。消費社会の深化と情報技術の革命は、種々の境界を無くし、人々の生活やコミュニケーションの様式を根底から変容させてきた。ライフスタイルは多様化し、一面では個人の生き方をそれぞれが選びとる時代が始まっている。同時に、新たな格差が生まれ、様々な次元での亀裂や分断が深まっている。社会や歴史に対する意識が揺らぎ、普遍的な理念に対する根本的な懐疑や、現実を変えることへの無力感がひそかに根を張りつつある。そして生きることに誰もが困難を覚える時代が到来している。

しかし、日常生活のそれぞれの場で、自由と民主主義を獲得し実践することを通じて、私たち自身がそうした閉塞を乗り超え、希望の時代の幕開けを告げてゆくことは不可能ではあるまい。そのために、いま求められていること——それは、個と個の間で開かれた対話を積み重ねながら、人間らしく生きることの条件について一人ひとりが粘り強く思考することではないか。その営みの糧となるものが、教養に外ならないと私たちは考える。歴史とは何か、よく生きるとはいかなることか、世界そして人間はどこへ向かうべきなのか——こうした根源的な問いとの格闘が、文化と知の厚みを作り出し、個人と社会を支える基盤としての教養となった。まさにそのような教養への道案内こそ、岩波新書が創刊以来、追求してきたことである。

岩波新書は、日中戦争下の一九三八年一一月に赤版として創刊された。創刊の辞は、道義の精神に則らない日本の行動を憂慮し、批判的精神と良心的行動の欠如を戒めつつ、現代人の現代的教養を刊行の目的とする、と謳っている。以後、青版、黄版、新赤版と装いを改めながら、合計二五〇〇点余りを世に問うてきた。そして、いままた新赤版が一〇〇〇点を迎えたのを機に、人間の理性と良心への信頼を再確認し、それに裏打ちされた文化を培っていく決意を込めて、新しい装丁のもとに再出発したいと思う。一冊一冊から吹き出す新風が一人でも多くの読者の許に届くこと、そして希望ある時代への想像力を豊かにかき立てることを切に願う。

（二〇〇六年四月）